Nota del Autor

Este libro solo existía en la lista de mis buenos propósitos y deseos. Esta obra vagaba como una hoja que cae en el aire de mis pensamientos. Mas la fiel consciencia nunca paro de repetir...

"¡Cristo ha hecho muchas cosas por ti! ¿Qué has hecho tú por Él?"

El asunto es que conocí a Jesucristo en persona muchos años atrás, pero me mantuve en silencio. Así que escribí esta colección de memorias por un sentimiento de remordimiento. Pero eso sí, siempre con la esperanza de que le pueda ayudar a alguien, de algún modo, algún día. Y esta es la historia...

Este libro es un testimonio cristiano y en parte una autobiografía. Todos los personajes humanos descritos en este relato en los países de EEUU y México son personas de la vida real.

Escrito & fotografía del autor por Virgo Zusa
Fotografía de Javier y Teresa Rodríguez por J.R.
Portada principal por www.fiverr.com/jeweldesign
Portada ensayo en página 7 por Virgo Zusa
Portada ensayo en página 45 por
www.fiverr.com/dickyjdesign
Portada ensayo en páginas 69, 151 por
www.fiverr.com/vicovers
Portada ensayo en página 168 por
www.fiverr.com/muradezizov
Todos los derechos reservados

Citas bíblicas tomadas con permiso escrito del texto bíblico: Santa Biblia, Dios habla hoy ®, Tercera edición © Sociedades Bíblicas Unidas, 1966, 1970, 1979, 1983, 1996. Todos los derechos reservados.

ISBN-10: 0-692-51670-0
ISBN-13: 978-0-692-51670-6

Edición Impresa en EEUU
Edición editada en enero 2021

Para Román

Estimado hermano menor, este es
mi testimonio. Espero que
escribas pronto el tuyo. Nunca te dejes
vencer por el mal.

ÍNDICE

AGRADECIMIENTOS Y DEDICATORIA

Para comenzar quiero expresar mi gratitud y dedicar este libro a Cristo Jesús. El Dios que se hizo hombre y caminó entre nosotros en carne y hueso, como cualquier otro ser humano. Él fue condenado a muerte, pero resucitó al tercer día. Yo le he visto en persona, y sé que Él está bien y que vive y reina por siempre en plenitud de gloria. Sin su perdón y sin su ayuda, yo nunca hubiera logrado contar esta historia. También quiero agradecer a mis padres por el amor que ellos siempre han tenido para con sus hijos — sin importar que tan mal, nosotros sus hijos, nos hemos comportado tantas veces. De igual forma, agradezco a mi hermano en Cristo, *Javier Rodríguez,* pues Dios lo uso para darme liberación y vida nueva. De la misma manera les doy las gracias a mis familiares y amigos que leyeron este libro antes de ser publicado, y que me apoyaron para seguir adelante dándome todo tipo de correcciones y críticas constructivas—*además de permitirme usar sus verdaderos nombres en este relato.* Tomo esta oportunidad para pedir públicamente disculpas a las personas que robé, golpeé, maltraté, mentí y ofendí. Les comento a todos que ya tuve mi castigo. Y estoy tratando de ser un mejor ser humano cada día de mi vida, y seguiré esforzándome mientras que Dios me siga permitiendo estar en este mundo.

INTRODUCCIÓN

Estimado lector, tengo dos grandes noticias que entregarte. La primera noticia no es buena, pero la segunda es excelente. Primero empezaré con la mala noticia. Tengo que decirte que el lugar llamado *Infierno* es real. Yo estuve en la puerta del Infierno, por tal motivo doy testimonio de que existe, y hablaré de eso más adelante en uno de los capítulos de este libro.

La buena noticia es que el lugar llamado *Cielo* igualmente existe y que... ¡Jesucristo también es real! Yo tuve un encuentro personal con Él.

Este libro es un testimonio cristiano y en parte una autobiografía. Para resumir la historia que aquí relato, puedo decir que de niño desafié a Satanás, y este hecho me causó infinidad de problemas. Después, cuando crecí en edad, llegué a considerarme como una persona que viviría y moriría sin nunca poder conocer a Dios. El concepto de Dios y Satanás vino a ser para mí como un cuento de fantasía, una fábula para niños. Pero todo cambió cuando un día un familiar mío tuvo un problema, y tratando de ayudar a mi pariente, busqué la ayuda de Dios como nunca lo había hecho antes en mi vida. Lo maravilloso es que Dios respondió y fue entonces cuando conocí en persona a Jesús de Nazaret.

En las siguientes páginas te daré **<<cuatro>>** pasos a seguir para que tú de igual manera puedas conocer a Cristo, y en el mismo proceso asegurar también la salvación de tú alma. Estos cuatro pasos me fueron dados a mí por la divina providencia, y sé que serán tan útiles para ti como lo fueron para mí. Junto con esta información, es mejor que sepas que la salvación del alma − no es una filosofía ni un cuento de hadas. El ser salvo es una experiencia única y personal. Si, leíste bien. Te he dicho que la salvación de tú alma es algo que realmente puedes experimentar. La salvación tampoco es un *tal vez* o un *creo que*, sino que es una completa convicción de que eres salvo.

Estimado lector, permíteme hacerte una pregunta, y por favor sé honesto en responderla. Y mi pregunta es... ¿Si tú murieras en este preciso momento, te irías al cielo? Si tú respuesta fue − no sé, a lo mejor, o posiblemente respondiste que definitivamente no irías al cielo − entonces tengo que decirte que este libro está escrito especialmente para ti. La experiencia de la salvación de tu alma es una confianza **cien por ciento** absoluta de que Jesucristo te ha salvado, porque tú lo sabes y porque también lo puedes sentir. Posiblemente te extrañará en este momento que yo te diga que este libro no es un escrito más acerca de la religión. Lo que sucede es que considero que la religión se ha encargado en **<<mucho>>** de haber alejado al ser humano de Dios.

Un día me di cuenta de que la religión le impone al ser humano cargas difíciles, que a veces son incluso imposibles de seguir y de guardar. Como consecuencia, esto ha hecho que la persona religiosa se halla conformado con aprender leyes morales que son más útiles para un uso social y cultural, que para un fin espiritual. Esto puede producir en el individuo — una cierta satisfacción de consciencia — de que si asiste el día domingo a la iglesia, ya estará en **<<paz>>** con el Creador de los Cielos.

Estimado lector, te hago saber que si tú eres una de las personas que actúan de esa manera, lamentablemente vives una mentira. Porque tales normas de comportamiento, al final quedan cortas de mostrarle a la persona el camino real a la vida eterna. Aunque, espero que al leer este libro y al tomar una decisión personal, tú no **<<mueras>>** en tal falsedad.

Si podemos recordar, la Biblia relata en el libro de Génesis capítulo tres, que Dios mismo venía a la Tierra a hablar con Adán y Eva, y Él solía hacerlo — *cara a cara*. De allí podemos darnos cuenta de que el Señor Todopoderoso, busca y desea una relación personal con nosotros los seres humanos. Pero tal comunión fue destruida por el pecado y la desobediencia del hombre. A pesar de todo eso, el Padre de Misericordia, deseando continuar con una relación personal con la raza humana — *imaginó un plan.*

Ahora el pecado y la desobediencia del hombre son perdonados a través de Jesucristo, quien viene siendo la puerta o el puente, a una nueva relación personal y mucho más íntima entre la humanidad y el Padre Omnisciente.

El primer propósito de este libro es ayudar a que el lector se convierta en un individuo espiritual. La segunda intención de esta obra es ayudar a la persona a establecer una conexión real y espiritual con su creador. Al lograr estos dos objetivos, la persona dejará finalmente y triunfalmente, la religiosidad de este mundo en el pasado.

Al mismo tiempo, quiero dejar muy claro que al escribir esta historia nunca ha sido mi intención el enseñar una doctrina nueva a la doctrina cristiana. Sino más bien, lo que busco es explicar acerca de los cuatro pasos que mi propia vida siguió para conocer en persona a Jesús el Mesías judío. Es mi completa creencia que si tú sigues y efectúas las enseñanzas descritas en este libro, tú también tendrás un encuentro personal con Dios, y una <<legitima>> relación espiritual con Él. Los pasos a seguir para salvar tu alma son claros, son simples, y sencillos de completar. Además, citaré capítulos y versículos de la Biblia para respaldar las cosas que aquí digo.

Amigo lector, es mejor tener la salvación y no necesitarla, que necesitar la salvación y no tenerla al momento de tu muerte — al instante de que dejes este mundo físico terrenal.

Así que no tienes nada que perder y mucho que ganar al seguir los consejos que daré en estas breves páginas. También agrego que las cosas que vas a leer a continuación, no las leí en un libro ni las vi en una película. Este escrito se basa en la historia real de mi vida y de mi familia, y doy testimonio de que las cosas que he escrito son reales y es mi verdad. Todo tal y como lo he recordado, visto, sentido, entendido, escuchado, y vivido — aunque mi relato pueda parecer fantástico en algunas ocasiones.

CAPÍTULO 1
NACÍ
EL EXTRAÑO BOSQUE

Me hallaba en un extraño bosque. La foresta parecía muy antigua, pues cada uno de los troncos de sus árboles tenía grandes dimensiones. El contorno de cada árbol era tan enorme que tal vez se necesitarían de ocho a nueve personas tomadas de las manos para rodear la circunferencia de un solo árbol. Se conoce que el grosor de un árbol crece con la edad y estos árboles se veían como si tuvieran cientos de miles de años. Enfrente de mí, y como a unos dos metros de distancia, había una mujer de aspecto joven que aparentaba tener unos veinticinco años de edad. Ella era de piel blanca y de cabellera pelirroja. Su cabello era lacio y largo hasta su cintura. Una delgada banda de cuero de color café oscuro atada alrededor de sus sienes detenía y alejaba el cabello de su frente y de sus ojos. La mujer era alta, como de unos 1.77 metros de estatura y de una apariencia bastante atlética. Era como si ella estuviera acostumbrada a una vida diaria de exhaustivo ejercicio físico. Sus vestimentas eran confeccionadas de piel de animal, y mostraban un pelaje de un color rojizo encendido como el matiz del alba de un amanecer.

Su ropaje era corto y tan cómodo como para permitirle correr, y hacer cualquier movimiento rápido y sin ningún estorbo. Esa misma escasa vestimenta, también me permitía ver la totalidad de sus brazos y de sus piernas. Sus brazos mostraban unos marcados y delineados músculos, pero estos no perdían su feminidad. Los muslos de sus piernas mostraban mayor contorno (*por la hipertrofia muscular*), pues eran mucho más pronunciados que los músculos de sus brazos. En el hombro derecho de esta mujer se apoyaba un hombre de cabello negro. Él también tenía apariencia joven. De igual manera, el vestía pieles de animales, pero toda su vestimenta se veía de un color gris descolorido. El muchacho aparentemente había sido herido y se encontraba en un estado de semi-inconsciencia. Ahora yo estaba parado frente a ellos como a unos ocho pasos de distancia, y en ese momento mi respiración era profunda y jadeante. Sentía que me estaba costando mucho trabajo llenar con aire mis pulmones. Mi mente me recordaba escenas de una pelea mortal.

En mi cabeza corrían memorias recientes de que habíamos escapado del feroz ataque de unas primitivas criaturas que se asemejaban a hombres-mono, y estos nos habían perseguido por un gran tramo a través del bosque. Estas criaturas nos habían atacado y perseguido cuando nosotros viajábamos cruzando la foresta. La apariencia de estos seres era la siguiente…

Principalmente, estos seres caminaban erguidos con sus dos piernas (*ellos eran bípedos*). Pero vi a más de uno de ellos en varias ocasiones correr semi-encorvados y tocar el suelo con las palmas de sus manos al hacerlo. Su cara era una mezcla de simio y de ser humano, y estaban completamente cubiertos con un pelaje negro y corto como el de un chimpancé. La fuerza de cada uno de ellos era descomunal, mucho más allá de la fuerza de un hombre normal. La estatura promedio de estos hombres-simio era como de unos 1.50 metros.

Este primitivo grupo de salvajes quería capturarnos, matarnos y lo más probable… Comernos. Ellos estaban de casería y nosotros por un momento aparecimos como el platillo principal en su menú del día.

Por suerte, sus armas de guerra eran considerablemente más rudimentarias que las que yo llevaba conmigo. Ellos cazaban con palos largos y huesos picudos. Pero también vi a un par de ellos tirar dardos hacia mí con unos bambús huecos que colocaban en sus bocas. Posiblemente estos eran dardos envenenados o paralizantes.

Yo, en cambio, tenía una larga y curveada espada en mi mano derecha. Un puñal atado en mi antebrazo izquierdo y otro cuchillo de repuesto firmemente sujetado al muslo de mi pierna derecha.

Además, todas mis armas estaban letalmente afiladas y hechas de un sólido metal.

Así que mi armamento me daba una considerable ventaja contra el primitivo grupo de cazadores. El clan de caza de los hombres-mono estaba compuesto como de unas treinta a treinta y cinco criaturas. Yo defendí a mis acompañantes como pude, y al parecer, con bastante éxito. Desde que les causé a los hombres-mono tantas bajas, que ellos ya habían desistido de seguirnos hacía varios minutos atrás.

Yo sabía exactamente en donde me encontraba. En mi mente tenía el mapa para llegar a la aldea civilizada más cercana para solicitar ayuda para el joven que sé que encontraba casi desmayado, y también para curar mis heridas. Sin embargo, algo me estaba pasando. Mi visión se nublaba y casi no podía respirar. No sé si esto me ocurría porque había tenido una encarnizada pelea contra ese grupo de criaturas salvajes. Quizás, todavía no me recuperaba del desgaste físico y no recuperaba el aliento (*por la hiperventilación*).

O bien, podría ser que las múltiples heridas de la pelea ya me estaban pasando factura. La mujer pelirroja sabía que algo me pasaba. Ella abría sus ojos muy grandes como intentado entender que me ocurría y me miraba a la cara con gran atención, pero no decía palabra alguna. Podía ver que su rostro mostraba susto y preocupación. Lo bueno es que ella no tenía ninguna herida visible y eso me hacía sentir un poco mejor.

Muy posiblemente, los hombres-simio la querían capturar viva, y tal vez ese fue el motivo por el que ella se encontraba completamente intacta. Mas yo empecé a sentir un terrible sueño. Y por supuesto que no quería dormir en ese momento, era lo que menos deseaba, habiendo acabado de experimentar tanta angustia y desesperación. Era primordial llegar cuanto antes al poblado más cercano para pedir ayuda. No obstante, ahora me enfrentaba a una pelea de un origen completamente distinto. Yo luchaba para no cerrar mis ojos, pero mis parpados se iban cerrando muy lentamente. No sentía dolor alguno, solo una gran pesadez. Era como si un gran cansancio me estuviera envolviendo. Al pasar otro par de minutos no pude evitar cerrar mis ojos por completo y finalmente no supe más de mí. No sé por cuánto tiempo pasé dormido, pero cuando abrí mis ojos de nuevo, vi unas formas humanoides alrededor de mí y me asusté mucho. Mi visión era borrosa y no podía distinguir exactamente qué tipo de criaturas me rodeaban. Solo veía bultos y sombras moviéndose alrededor de mí. Sabía que eran seres vivos por la forma en que se movían y se comunicaban entre ellos, era obvio. Apenas y distinguía que se hacían señas unos a otros, y escuchaba que emitían sonidos inteligentes de comunicación. Pero no entendía lo que decían. Instintivamente quise defenderme, así que traté de levantarme, mas mi cuerpo no me respondió.

Pensando en que los hombres-mono finalmente nos habían dado alcance, el pánico corrió en mi mente e inmediatamente intente levantar mi espada. Era raro, pero ya no sentía mi espada en la mano derecha. Sobresaltado y extremadamente asustado, traté de alcanzar el puñal supuestamente localizado en mi antebrazo izquierdo (*parte del brazo entre muñeca y codo*). Pero ni mi mano ni mi brazo derecho respondieron a dichas órdenes dadas por mi cerebro. Además, tampoco podía sentir que tenía tal puñal en mi brazo izquierdo. La idea de que finalmente <<sí>> habíamos caído presos bajo el acoso del feroz grupo de casería — *me hundió en miedo*.

Aún así, todavía mantenía la esperanza de defenderme, pues me acordaba que tenía otra arma más de repuesto. Así que lo siguiente que hice fue tratar de alcanzar el cuchillo que tenía sujetado en el muslo de mi pierna derecha. Pero ninguna de mis manos respondió al deseo de mi voluntad. Igualmente, tampoco pude sentir que tenía ese cuchillo amarrado a mi pierna. De cierta extraña manera, también me sentía desnudo. Finalmente, el pánico recorrió mí ser, ya que me sentí completamente indefenso ante los entes que me rodeaban, y no sabía por qué motivo mi cuerpo no respondía a mis deseos e impulsos. Mi vista no terminaba de aclararse. De pronto uno de esos seres me cargó en sus brazos y me entrego a otra criatura. Yo no podía hacer nada. Me sentía paralizado y vencido. Ya solo esperaba lo peor…

NIÑO
Vs
SATANÁS

¡salva tu alma del infierno!

Mi sorpresa fue cuando de repente escuche una tierna voz femenina que me hablo con dulzura. El ser me abrazó con mucha delicadeza y me apretó suavemente hacia su pecho, y por increíble que parezca — *logré sentir su amor.* Y sentí que ese amor era tan grande que, aunque yo no pudiera defenderme, y no sabía que era lo que ocurría o dónde estaba yo — *mi intuición me decía que este ser daría inclusive su vida por mí para defenderme.* Y esa fue la única prueba suficiente para mí, de que yo estaba seguro y entre amigos. Así que cerré mis ojos y descansó mi **<<consciencia>>**. Yo estaba tan cansado que me entregué de nuevo a un sueño profundo. Fue un día martes nueve de septiembre a las once con quince horas de la mañana, cuando yo había nacido como un bebe prematuro de siete meses, en el país y en la Ciudad de México. La mujer que me tenía en sus brazos era mi propia madre.

Este libro es un testimonio cristiano y en parte la autobiografía de un ateísta. Por mucho tiempo me pregunté cómo debería de empezar a contar la historia de mi vida. Y después de haber pasado varios años pensándolo, finalmente opté por comenzar desde el principio — *con mi primera memoria de vida en la Tierra.* Tomar esta decisión no fue fácil, pues ya me imagino lo que irá a decir la gente, pero voy a contar en este libro historias que son aún más fantásticas que el relato anterior. Así que estoy al tanto de que las críticas vendrán en cualquier momento de todas maneras.

Como dije en la introducción, me apoyaré en la Biblia para explicar mis opiniones e ideas, y los siguientes versículos serán los primeros que veremos. Estos se encuentran en:

> *Jeremías 1:4-5. El Señor se dirigió a mí, y me dijo: "Antes de darte la vida, ya te había yo escogido; **ANTES DE QUE NACIERAS**, ya te había yo apartado;*

> *Romanos 8:29. A los que **DE ANTEMANO** Dios había conocido, los destino desde un principio a ser como su Hijo, para que su Hijo fuera el mayor entre muchos hermanos.*

> *Efesios 1:4. Dios nos escogió en Cristo **DESDE ANTES** de la creación del mundo, para que fuéramos santos y sin defecto en su presencia.*

En estas citas:

—¿Acaso estas antiguas escrituras nos muestran que Dios ya nos conocía desde antes que naciéramos en este mundo?

—¿De dónde ya nos conocía Dios?

—¿O, será que hemos vivido en otros tiempos y aun posiblemente en otras vidas?

—O bien, ¿podríamos deducir que estas enseñanzas nos comunican que Dios nos tenía en su pensamiento futurístico como seres que íbamos a ser creados algún día en este mundo?

Cualquier repuesta a estas preguntas se puede convertir en un tema de candente discusión, en donde al final, hay gente que nunca quedaría de acuerdo con el significado de todo esto. Consecuentemente, sé que este asunto permanecerá como todo un gran <<misterio>>. Entonces, mi anterior memoria de haber sido perseguido por seres que se asemejaban mucho a las recreaciones que vi en ilustraciones del Australopitecos aféresis (*en clases que una vez tomé de antropología*) bien pudo haber sido solo un sueño. Y aunque las historias que se debaten entre lo que es verdadero y falso, pueden divagar y perderse en la incertidumbre — continuaré este libro contando las historias que verdaderamente tienen testigos en esta vida presente como son mis familiares, hermanos en Cristo, y amigos. Y haciendo uso de estos personajes, mejor me enfocaré en el tema principal de este texto. Que es como un niño en su ignorancia llegó a retar al mismo Príncipe de las Tinieblas, y como salvar el alma del infierno. Ya que considero que este es un objetivo mucho más importante que comunicar en este momento. Para hacer esto, empezaré a contar varias cosas que he aprendido y visto en el transcurso de mi vida empezando desde mi infancia. Comencemos…

CUERPO FÍSICO
Y ESPIRITUAL

En las lecciones que me ha dado esta vida he aprendido que yo tengo un cuerpo físico y un cuerpo <<espiritual>>. Mi cuerpo físico o material es fácil de identificar, ya que es mi cuerpo de carne y hueso. El cuerpo material es un envase. Con esto me refiero a que mi cuerpo físico es un recipiente o un lugar de almacenamiento para mi cuerpo espiritual.

El cuerpo espiritual es difícil de identificar porque no lo podemos ver a simple vista. Yo ya he estado fuera de mi cuerpo físico, y por tal motivo, sé cómo es mi cuerpo espiritual. El cuerpo espiritual es similar al cuerpo físico en tamaño y dimensiones, por lo tanto, se puede considerar como un cuerpo gemelo. Así que soy yo mismo — *pero en espíritu* — y vivo dentro de mi cuerpo físico.

De la misma manera, así como el cuerpo de carne es la casa del cuerpo espiritual, el cuerpo espiritual es la morada para el <<alma>>. El alma también es difícil de identificar, porque tampoco la podemos ver. Pero el alma es fácil de sentir porque es la personalidad del individuo. La personalidad es el conjunto de experiencias, actitudes, pensamientos, y sentimientos de un ser humano. El alma define quién eres tú como persona.

En resumen, un ser humano está compuesto por un cuerpo físico, un cuerpo espiritual, y una alma. ¿Pero cómo llegué a esa conclusión? Bueno, las experiencias en mi propia vida así me lo enseñan. Y por supuesto que también hay otro tipo de pistas que podemos seguir. Por ejemplo, la psicología también ha luchado por explicar que un ser humano está formado por tres partes. La manera como el Doctor Sigmund Freud lo ha descrito, es diciendo que una persona tiene un estado mental formado por *un id, ego, y un súper-ego*. Simplificando, se puede relacionar que el *id* es quien sigue los deseos de la carne o sea el cuerpo físico. El *ego* es la parte inconsciente, o bien, el espíritu y el *súper-ego* sería la parte consciente y moral del individuo o sea el alma. Por otro lado, un doctor llamado Duncan MacDougall, hizo experimentos pesando en una báscula a las personas antes y después de morir. El resultado de sus experimentos es que la persona después de varios minutos de morir pesa veintiún gramos menos. El doctor dedujo que al morir, el espíritu del individuo deja el cuerpo físico, y por lo tanto este pesa menos. Siguiendo los pasos de estos últimos médicos, hay un científico en Rusia, que experimenta con tecnología para tomar fotos del espíritu dejando el cuerpo físico después de la muerte. Este científico ha publicado varios libros acerca de sus descubrimientos y él se llama Doctor Konstantin Korotkov.

Hay otro doctor llamado Raymond Moody, quien se dio a conocer al escribir un libro acerca del testimonio de más de cien personas que clínicamente murieron, y que después fueron resucitadas en un hospital. Lo que los pacientes contaban haber visto después de morir hizo del buen doctor un creyente más de la vida después de la muerte.

Cabe mencionar que los descubrimientos científicos de todas estas personalidades medicas son bastante controversiales. Aun así, de gran interés. La Biblia también habla acerca de la mencionada diferencia y separación entre — *el cuerpo físico y el cuerpo espiritual*. Como ejemplo de esto podemos ver lo siguiente:

> *Santiago 2:26. En resumen: así como el*
> **CUERPO SIN ESPÍRITU** *está* **MUERTO**,

Parece que está bien claro lo que dice la enseñanza. Si el cuerpo espiritual ya no está dentro del cuerpo físico, es porque el cuerpo carnal ya ha fallecido. Podría seguir citando textos que demuestren la separación y diferencia del cuerpo material del cuerpo espiritual. Pero si cito tanta santa escritura dentro de este libro, esta obra se convertiría en una Biblia miniatura. Y con el propósito de hacer este contenido más breve, solo mencionare de una a tres citas como máximo en cada tema que trato para explicar mis experiencias, opiniones e ideas.

13

CAPÍTULO 2
NIÑO
LO VEO Y NO LO CREO

Algunas experiencias que he tenido en mi vida han sido emocionalmente traumáticas, y creo que esa es una de las razones que han ayudado a que los incidentes que he vivido hayan sido firmemente impresos en mi memoria. Tengo muchos recuerdos desde mi temprana infancia y sé que desde niño siempre me he considerado un guerrero. Pero mejor contaré los hechos vividos que son más relevantes al argumento que toco en este libro. Que es la explicación de cómo un niño en su ignorancia desafío a Satanás, y el tema de la salvación del alma. Hay gente que piensa que cuando el cuerpo material muere, la vida también termina. Aunque, en realidad, eso no es así. La muerte puede ser el final de esta vida — *pero no es la conclusión de la vida.*

Cuando el cuerpo físico muere, el cuerpo espiritual sale del cuerpo carnal o sea que la vida después de la muerte existe. Yo soy testigo de esto. Además, también doy testimonio de que existe un mundo espiritual, pues ya le he visto e inclusive ya he visitado ese lugar.

Empecé a experimentar la dimensión espiritual a una muy corta edad. No obstante, le hago saber al lector de que siempre me había negado a creer que los reinos espirituales llamados *Cielo* o *Infierno* existían. Me negaba a creer por el temor de no tener control sobre cosas en las cuales no tenía ningún poder, y tampoco nada de conocimiento. Por una o por otra excusa y a pesar de los sucesos que yo había visto con mis propios ojos, y aun experimentado en mi propia carne, simplemente no quería creer que existían otras realidades. Yo era de los que decían:

— *Si no lo veo, no lo creo.*

Pero la verdad es que aunque a veces yo sí veía cosas que no pertenecían a este mundo material, de todas maneras me negaba a creer. Esta podría ser una de las razones por las cuales me convertí en alguien peor que un incrédulo. Llegué a ser una persona que negaba completamente todo. Así que, de decir:

— *Si no lo veo, no lo creo.*

Con el tiempo, pasé a decir:

— *Lo veo… **Pero aun así no lo creo.***

Desde muy temprana edad desarrollé una personalidad necia y obstinada. Y finalmente, al pasar los años y cuando fui creciendo, me convertí en una persona ateísta que trataba de explicar toda experiencia fuera de lo habitual con soluciones científicas, y razonamientos educados.

Especialmente, me gustaba mucho la psicología, y le tomé gran interés y afición a esa rama del conocimiento. Mas solo he adelantado estos hechos de la historia de mi vida para mostrarle al lector como era mi personalidad antes de conocer al Señor Jesucristo. Dado que no siempre fui un admirador y un fiel creyente en Él.

UN EXTRAORDINARIO ENCUENTRO

Yo tenía tres años de edad y vivía en una pequeña casa con mis padres. La casa estaba localizada en la colonia San Cristóbal, en la Ciudad de México.

Recuerdo que un día estaba solo en mi habitación y me encontraba sentado en el piso jugando con mis juguetes. Era un ordinario día por la mañana. La única ventana de mi cuarto estaba cerrada, pero las cortinas de la ventana estaban abiertas y la cálida luz del sol penetraba libremente. Así que el lugar en donde estaba tenía suficiente luz sin necesidad de tener ninguna bombilla eléctrica prendida.

Me encontraba muy entretenido jugando con un pequeño dinosaurio de juguete, cuando una <<presencia>> se manifestó dentro de mi habitación. Cuando digo *presencia*, quiero decir un ser, un alguien, o un algo que no podía explicar pues no lo podía ver, sino solo sentir. En el momento exacto en que esta presencia apareció en mi cuarto, una pequeña explosión se produjo en el aire. Las cosas a mí alrededor parecía que vibraban…, la cama, el espejo, el buró, el armario, etc.

Y aún las partículas en el aire se limpiaron como si fuera por medio de una detonación o una diminuta descarga eléctrica en la atmosfera.

Era como que si ese algo o <<alguien>> no pudiera soportar partículas impuras ni siquiera en el aire, ni por pequeñas que estas fueran, como es el caso de microbios o bacterias flotando en el medio ambiente. Y por tal motivo, al parecer, hasta el mismísimo aire se limpió de cualquier contaminación.

Yo sentía que realmente alguien estaba ahí, y creo que ese alguien o algo me observaba con gran curiosidad.

Pues yo miraba a un punto de contacto en la <<nada>> y sentía que esa *nada* me regresaba la mirada, y que me observaba también a mí al mismo tiempo. Pero yo no podía ver a nadie. La presencia estaba sostenida en el ambiente, como si estuviera en medio del cuarto y por arriba de mí. Por supuesto que al menos eso era lo que pensaba que estaba sucediendo.

Yo no sentía temor. Pero si podía sentir que lo que fuese que estaba sobrevolando en mi habitación tenía un — *real poder* — y que yo estaba completamente indefenso ante tal potestad. Aquella **<<enigmática>>** presencia empezó a visitarme seguido en mi casa a esa corta edad.

A pesar de todo eso, esta experiencia lejos de darme miedo, me hizo sentir protegido porque empecé a creer, y a sentir que alguien me estaba cuidando.

PSICOLOGÍA DEL NIÑO DE 3-4

Cuando ya crecí en edad, a mí me gustaba usar la psicología como medio para explicar las cosas sobrenaturales que me pasaban. Al hallar una explicación racional a un suceso paranormal siempre había logrado evitar la ansiedad de tener que explicar los hechos o las cosas que no tenían una explicación normal y natural. Cada vez que yo experimentaba algo fuera de lo común, me decía:

— *Yo no estoy loco. Creo que puedo explicar lo que me ocurrió. Esto tiene que tener una explicación lógica.*

Y así como iba creciendo, igualmente continuaba inventando mil razones y motivos con los cuales rechazaba toda experiencia sobrenatural en mi vida. De esa manera lograba mantener mi cordura o al menos un nivel aceptable de salud mental. En la psicología esta acción de autodefensa se puede conocer cómo la preservación de uno mismo y de la <<**autoestima**>>. La autoestima y el principio de conservación son instintos construidos dentro de cada persona (*son innatos*). Estos instintos mantienen, protegen y ayudan al ser humano a desarrollarse no solo corporalmente, sino también a un nivel emocional y mental. Es decir, a un nivel de estado psicológico saludable. Y, es esta misma autoestima la que ayuda al ser humano a tener un buen concepto de sí mismo.

Si la autoestima del individuo es baja, la persona tiende a no trascender en su vida. Pues cuando el ser humano tiene un mal concepto de sí mismo, este se estanca, y no progresa en la vida. Aquellas personas que no tienen una buena autoestima por lo regular tienen todo tipo de problemas con ellas mismas y también con los demás seres que las rodean. Por otra parte, el individuo que tiene una autoestima <<sana>> logra sentirse bien consigo mismo y puede desarrollarse mejor en esta vida. Por esta razón, es muy importante la conservación de la autoestima. Además, la psicología dice que el ser humano al crecer tiene varias etapas de desarrollo no solamente físico (*corporal*), sino también mental (*psicológico*).

En cada etapa de desarrollo el ser humano experimenta diferentes estados psicológicos al ir creciendo y madurando. Según estas etapas de crecimiento, un infante de tres a cuatro años de edad experimenta algo muy singular. Alrededor de esta etapa es cuando los niños tienden a crear en su mente al — *amigo imaginario*. Algunos pequeños de esta edad, pueden ser vistos teniendo largas pláticas con los mencionados amigos invisibles.

Ya de joven, y tratando de explicar mis experiencias de niño, entendí que esa peculiaridad que tiene un menor, bien podría explicar por qué yo sentía aquella presencia visitándome.

Igualmente, esa misma **<<particularidad>>** podría explicar por qué yo miraba a puntos fijos donde no había nadie, y por qué sentía que un ser invisible me cuidaba — el amigo imaginario. Mientras más aprendía de la psicología más formas hallaba de estar contento conmigo mismo. Por este motivo, siempre trate de explicar lo inexplicable — para tratar de vivir feliz y sin preocupaciones.

Es interesante saber que si un chiquillo presenta síntomas de sentirse vigilado, la ciencia médica no lo toma tan enserio. Quizás sea porque está bien documentado que un infante puede experimentar tales cosas, y se toma como que el cerebro se sigue desarrollando a esa temprana edad. Pero si los mismos síntomas los presenta un adulto, la psicología podría catalogar inmediatamente a tal comportamiento como una **<<paranoia>>**. La *paranoia* es un desorden de la personalidad en la cual el individuo imagina cosas como sentirse vigilado o perseguido, y por lo tanto, la persona podría sentirse en peligro.

En una opinión diferente, algún psicólogo podría decir que las alucinaciones de algunos pequeños sería una forma en la que ellos se expresan. Esto podría ayudarlos a probar las barreras límites de un mundo nuevo que están a punto de experimentar. Los niños, tal vez consciente o inconscientemente, podrían buscar cuáles son las leyes terrenales que les ayudarán a vivir, y a enfrentar los desafíos de esta vida.

De esta forma, el menor puede encontrarse consigo mismo a través de las fantasías, y esto lo hace jugando de una manera inofensiva. Los padres a su vez, son los que deben guiar al pequeño marcando cuales son los límites entre la fantasía y la realidad. Sin, a la misma vez, cortarle las alas de la imaginación. El chico tiene que experimentar una niñez sana para lograr su máximo potencial cuando madure a su etapa de adulto. Una crítica exagerada por parte de los padres podría dañar este delicado nivel de desarrollo. Otra cosa que recuerdo de mi infancia es que algunas veces yo empezaba a llorar repentinamente, y sin ningún motivo aparente. Cuando yo tenía de 3-4 años de edad, recuerdo muy bien de que yo mismo me preguntaba:

— *¿Por qué lloro? ¿Acaso me duele algo?*

Y me respondía:

— *No, no me duele nada.*

Y después continuaba asesorando mi estado físico corporal, y de igual manera me decía:

— *Tampoco tengo hambre, ni sed.*

— *¡Pero estoy llorando!*

— *¿Qué me estará pasando?*

E igualmente añadía:

— *Bueno, ha de ser un estado de desarrollo de mi cerebro y cuerpo.*

Y no estaba tan errado, ya que la psicología tiene una explicación para esta situación también. Veamos…

La ciencia de la mente nos dice que un pequeño a esta edad sufre de cambios repentinos de estado de ánimo. El niño en un momento puede estar feliz y al otro estar llorando, y lo que sucede es que esta es una etapa de progreso emocional del menor. Me acuerdo de haber experimentado este tipo de comportamientos y también de mis pensamientos de cuando tenía esta corta edad. Por tal motivo, se me ocurre dar este consejo a los padres:

— *Padres por favor no les peguen a sus hijos si es que lloran mucho.*

— *Recuerden que esto bien podría ser solo un estado de desarrollo del cerebro y del estado del desarrollo emocional del infante.*

LA POSESIÓN

La siguiente experiencia fuera de lo normal que recuerdo sucedió cuando tenía cuatro años de edad. El nombre de mi madre es *María del Socorro*. Me acuerdo que un día como a las siete de la tarde, creí ver y escuchar a mi madre llorar en su habitación. A esas horas su cuarto estaba algo oscuro, sus luces estaban apagadas, y sus ventanas se encontraban cerradas, pues ya se empezaba a hacer sentir el frio de la noche. Pero había un poco de luz procedente de una bombilla eléctrica situada en el patio de la casa, y la escasa luz se infiltraba a través de las pálidas amarillas y muy delgadas cortinas de la ventana.

En la penumbra, podía ver la figura obscura de mi madre sentada sobre la orilla de la cama. La silueta estaba encorvada hacia el frente, encarada hacia la ventana, de espaldas hacia mí y con las palmas de sus dos manos sobre su cara, como si estuviera sollozando. Y aunque ella lloraba a muy baja voz, bien podía escuchar su lamento.

Extrañado, quise acercarme para ver qué le pasaba a mi madre. Lleno de curiosidad me introduje lenta y calladamente en su recamara…

Cuando me le acerqué a mamá para ver por qué lloraba — *algo saltó* — del bulto de lo que parecía ser mi madre, y sentí que me pegó justamente en el pecho. Pude sentir como que si una fuerte ráfaga de aire hubiera entrado en la parte superior de mi cuerpo. Asustado, inmediatamente salí corriendo del cuarto. Pero al mismo tiempo y a partir de ese instante empecé a sentir <<odio>> en mi corazón. Estoy al tanto de que era un niño consentido y muy berrinchudo. Sin embargo, desde ese incidente, sé que empecé a odiar al ser humano.

Me parece que toda mi vida cambió mucho, junto también con mi personalidad en ese día, pues realmente me convertí en un niño malo. O más bien, yo diría que no solo malo sino *perverso*.

Es mi creencia y opinión personal que en ese preciso momento de mi infancia, fui **<<poseído>>** por un espíritu inmundo.

Sí, por un demonio.

Mas siendo solo un niño de cuatro años, claro está que no tenía ningún conocimiento sobre posesiones espirituales, ni tampoco acerca de demonios. Así que mejor preferí olvidar el incidente. De todas maneras, a esta edad, no hubiera sabido explicarme. Nadie me hubiera entendido o creído, y nadie hubiera podido ayudarme. Mi familia no era religiosa, y escasamente asistíamos a la iglesia en aquel entonces.

PSICOLOGÍA DEL NIÑO DE 4-5

De acuerdo a la psicología aplicada a las etapas de crecimiento de una persona, el niño de cuatro a cinco años de edad todavía no reconoce el peligro de cruzar una calle sin ponerle atención a los carros. Como tampoco le pone atención a muchos otros peligros más. Por lo tanto, el pequeño es muy impulsivo en su actuar, ya que todavía no puede medir los riesgos.

El infante en este período también le da por ser egoísta, pues le cuesta mucho trabajo procesar el concepto de compartir. Se supone que un menor de cuatro a cinco años, ya puede expresarse con palabras y por lo tanto evitar la agresión física con sus amiguitos. También, el niño a esta corta edad tiende ya a encontrar el llamado mejor amigo de entre sus compañeros de escuela o amistades de juego.

Sin embargo, esa descripción mencionada no se acercaba a mí en su totalidad. Pues yo era muy agresivo a esa edad y para mí era divertido pelearme con mis compañeros. Eso de hacer amigos tampoco era mi situación, ya que los niños no se me acercaban mucho a mí que digamos… Por obvias razones.

CAPÍTULO 3

¡HERMANO MUERE!

Cuando muchos chiquillos a la edad de cinco años piensan tan solo en jugar, a esa edad yo ya planeaba la idea de cómo matar a mi hermano menor. Mi hermano menor se llama *Gabriel*. Yo tenía cinco años y mi pequeño hermano solo tenía tres años en aquel entonces. Quería matar a mi hermano porque no soportaba compartir el amor y cariño de mis padres con él. El <<odio>> me cegó, así que decidí matar a mi hermano, y esperé a que llegara el momento oportuno. Un día de tantos, mi madre estaba dormida y mi hermano menor se encontraba dentro de su cuna. Yo pensé que ese era el momento ideal, pues el pequeño mocoso no podría escaparse de mí. Fui a la cocina y tomé del cajón un pica-hielos *(instrumento metálico punzo cortante)*. Después, silenciosamente entré al cuarto de mi hermano y cerré la puerta. Me subí a su cuna, y tomé a *Gabriel* por el cuello con mi mano izquierda, y con mi mano derecha sosteniendo el pica-hielo, apuñalé a mi hermano tantas veces como pude.

El infante empezó a gritar y a llorar, mientras yo miraba como se comenzaban a empapar sus ropas de sangre. Pero no me detenía. Yo tan solo quería que mi hermano se muriera y sacarlo de mi casa. Gracias a Dios que mi madre escuchó los gritos de mi indefenso hermano, y llegó oportunamente a salvar al pequeño *Gabriel*. No obstante, ese fue solo el principio de muchos años de peleas entre él y yo, pues nos convertimos en acérrimos enemigos. Cuando mi hermano creció y él ya podía defenderse de mí, ambos nos convertimos en la plena personificación del perro contra el gato. Nos peleábamos a golpes, patadas, mordidas, puñetazos, y con palabras groseras — todos los días. Tristemente, mis padres jamás pudieron hacer que nos comportáramos como hermanos y como personas educadas. Lo que mis padres hacían en su desesperación por controlarme era pegarme, y eso solo alimentaba más el odio que de por sí ya vivía dentro de mí. A los 5 años me convertí en un niño desobediente, rebelde y bastante violento. Les causé un incontable número de problemas a mis padres, pues me gustaba pelearme con otros niños y hacer travesuras. Recuerdo que cada noche, y ya en mi cama, me **<<deleitaba>>** pensando en las cosas malas que haría cuando saliera el sol. Pensaba que sería divertido tal vez romper una ventana, probablemente quemar algún juguete o quizás golpear a algún niño. También desarrolle un gusto especial por la cosa llamada — *venganza*.

En aquel entonces, me creía más fuerte que los demás pequeños, y también sentía una gran satisfacción en mi corazón al portarme mal. En especial, sentía mucho gusto en mi interior cuando hacía sufrir y llorar a alguien. Para mí el odio era un **<<placer>>** y causar el sufrimiento a alguien era bueno, y procuraba cada día alimentar ese *gozo* en mi corazón.

Y así viví mi vida desde muy chico con multitud de problemas de comportamiento y actitud. Les causaba todo tipo de frustraciones a mis padres, y a cuanta gente tenía la desdicha de ser mi siguiente víctima desde que mis maldades eran muchas.

Mi padre se llama *José Luis*, y un día de tantos escuché a mi madre decirle a mi padre:

—*José Luis, cuando este niño crezca, él va a matar gente.*

Sé que mi madre estaba muy preocupada por mí y el camino que tomaría mi vida en el futuro. Esto debido a que yo era muy difícil de controlar y ella no tenía ninguna preparación, ni ningún otro medio para ayudarme. Ahora leamos algo el siguiente pasaje:

> *Isaías 5:20. ¡AY DE USTEDES, QUE LLAMAN BUENO A LO MALO, y malo a lo bueno; que convierten la luz en oscuridad, y la oscuridad en luz; que convierten lo amargo en dulce, y lo dulce en amargo!*

Lo que dice la anterior escritura era precisamente mi caso en particular. Esa era mi vida real en aquellos días. Las personas que caminan en la maldad hacen justamente lo opuesto a la voluntad de Dios, pero aun así se atreven a llamarlo <<bueno>>.

¿Cómo explicar mi manera de actuar a esa edad? A la edad de cinco, y a mi propia manera de pensar, yo hacía lo justo porque hacía lo que se sentía bien dentro de mí. Mientras lograra satisfacer mi necesidad interna, nada más parecía tener algo de importancia.

Sé que es difícil de creer, pero hay personas de edad adulta que tienen el mismo tipo de personalidad que yo tenía cuando era un niño de cinco. Lamentablemente, hay gentes que se quedan atrapadas en esa etapa de crecimiento.

Este tipo de personas no experimentan un desarrollo en su personalidad, y se quedan estancadas allí. Ya que en ese estado se sienten seguros de sí mismos, y también perciben que tienen un — determinado control — de su vida, y sobre la demás gente que los rodea. En cierta forma, ellos consideran que han tenido <<éxito>> comportándose de esa manera y conformes con eso, así se quedan, viven y mueren. Este tipo de personas existe. Yo era una de ellas.

En ese entonces me encontraba grandemente equivocado en mi apreciación de la vida.

Mi padre *José Luis* es un ingeniero electricista. Un día él fue contratado para trabajar en el mantenimiento eléctrico de una fábrica que extraía hierro de un cerro. Esta mina de metal está localizada hasta el día de hoy en una ciudad llamada La Perla, en el estado de Chihuahua, México. La Perla es un pequeño lugar situado en pleno desierto. Esta población está rodeada por cerros pelones y áridos, pues casi nunca llueve y es muy escasa la vegetación allí. Cuando llegamos a vivir a este pueblo mis padres me inscribieron en la escuela de jardín de niños *(Kínder),* ya que todavía tenía alrededor de cinco años. Tomando clases en el Kínder me creía superior a mis demás compañeros. Me creía más fuerte, más rápido, y más listo que ellos. Según en mi imaginación, yo era el líder y el jefe máximo de la escuela, y al niño que no hiciera lo que yo quería, pues le pegaba — fácil arreglo. Ahora me había convertido en un acosador oficial de niños.

PSICOLOGÍA DEL NIÑO DE 5-6

De acuerdo a las etapas de desarrollo del crecimiento de un niño, un menor de cinco a seis años por lo regular suele mostrar cariño, y afecto a personas menores que él o hacía chiquillos que tienen algún dolor. El pequeño a esta edad es generalmente obediente a sus padres o a quien lo cuida. Pues bien, nada de eso era mi caso, debido a que me comportaba exactamente a lo contrario de la descripción psicológica de esta edad.

31

LAS VOCES SIN CUERPOS

A la edad de seis años tuve otra extraña experiencia de nuevo. A mí me gustaba cantar, y hubo una canción que me gustaba mucho y esa balada se llama *Verónica*. El artista que la interpretaba en la radio era *Víctor Iturbe el Pirulí*. En ese entonces, pensaba que esa era la mejor canción del planeta, y que ninguna otra melodía que fuese creada antes o después me gustaría tanto. Esa balada me hacía sentir más cerca del <<amor>> que cualquier otra cosa. Así que cantaba esa canción cuando caminaba por las calles. Un día, me dije a mí mismo:

—*Ojalá tuviera bellos sentimientos para componer canciones tan bonitas como Verónica.*

Y al ir caminando y pensando tales cosas, una — voz vino — a mi oído izquierdo y me ofendió así con estas palabras:

— *¡Desgraciado maldito!*

Después de maldecirme, la voz me cuestiono:

— *¿Qué has dicho?*

— *¿Un hombre tan malo como tú? Un humano con tanto odio, y siendo tan perverso, y tan malhechor... ¿Cómo pides algo tan noble y que requiere de tan buenos sentimientos?*

Entonces, la voz, en un tono provocador ultimadamente comento:

— *¡Es estúpido que pidas tales cosas!*

Después de decirme eso, la voz replicó con unas sonoras y burlonas carcajadas. La risa era completamente malévola y despiadadamente se mofaba de mis buenos deseos. En ese momento me sentí ridiculizado y muy pequeño en mi interior. Pues esa voz tenía razón. Era como pedirle bellas y delicadas flores de colores a una planta que solo podía crecer acido venenoso. Solo un <<**milagro**>> lograría poner buenos sentimientos en mí. Mis simples sueños de tener compasivos sentimientos como para escribir una canción de amor, parecían no tan solo completamente absurdos, sino también inalcanzables. Así que, después de todo, no me sorprendí. Esa voz que hablaba a mi oído izquierdo no me contaba nada nuevo. Ya bien conocía el miserable estado de mi humanidad. Lo que sí me asombro, fue que al parecer — había alguien más — escuchando o leyendo mis pensamientos en ese momento. Y parecía que ese *alguien* estaba al tanto de las aseveraciones de la voz que me hablaba a mi oído y que se burlaba de mí. Y mientras las risas burlonas perseveraban contra mí sin descanso, sucedió que otra voz se hizo presente.

Pero esta voz era distinta. Esta voz estaba como sobre volando por encima de mi cabeza y se dirigía hacia mi oído derecho.

Y, como si para que escuchase no solo yo sino también alguien más, con una enérgica declaración, la nueva voz mencionó gritando:

— *¡Yo haré que tu petición de tener buenos sentimientos para que escribas canciones de amor sea escuchada!*

Y mientras la escandalosa voz decía eso, esta se desvanecía rápidamente con dirección hacía el cielo, y hacía las nubes blancas que parecían como un suave y brillante algodón bajo la luz del sol. Yo volteaba mi cara hacía arriba y después hacía los lados más nunca logré ver a nadie. Entonces, ahora solo me preguntaba si mi cabeza estaba bien o además de todos los problemas que ya de por si tenía, ahora también me estaba volviendo loco. Estoy al tanto de que la condición de — oír voces — se puede catalogar en la psicología como una **<<esquizofrenia>>**. La persona *esquizofrénica* escucha y ve alucinaciones. Al esquizofrénico, le cuesta trabajo distinguir entre lo que es la verdad de lo que es una visión. Pero de nuevo, es interesante saber que si esta peculiaridad se presenta esporádicamente en un niño, la ciencia médica no lo toma tan en serio. Después de todo, hay algunos chiquillos que presentan tales experiencias con cierta regularidad. Es tanta la recurrencia, que se puede considerar como parte del crecimiento, parte de la infancia, y parte de su creciente imaginación. Pues el cerebro del chico continúa su desarrollo biológico.

PSICOLOGÍA DEL NIÑO DE 6-7

De acuerdo a las etapas de crecimiento y maduración de una persona, el pequeño de seis a siete años todavía tiene problemas para estar al tanto de la moralidad o de las éticas del comportamiento. Un menor de seis años tiende a ser muy curioso y le gusta preguntar acerca de todas las cosas que le rodean. En esta etapa, el chiquillo sufre cada vez más por el miedo a la oscuridad y a los ruidos extraños, puesto que ya cree en la magia y en la fantasía. Así que los niños ya pueden imaginarse monstruos en la oscuridad.

Aplicando tal descripción a mis experiencias de cuando tenía esa edad, me di cuenta que era bastante fácil culpar a la imaginación que tiene un niño por haberme hecho alucinar tales voces.

¿Voces sin cuerpo que dialogan conmigo? ¿Voces que me acusan de mis malas acciones? ¿Voces que se desvanecen al subir al cielo? No, claro que no, fue solo pura fantasía... Yo razonaba.

CAPÍTULO 4

EL MAESTRO INVISIBLE

Al poco tiempo, ya tenía la edad de siete años, pero mi vida seguía igual. Corrección, más bien yo diría que peor. Yo era un problema donde quiera que estuviera. A esta temprana edad hasta yo creía que mis travesuras y maldades habían sobrepasado el límite de aguante desde hace mucho tiempo. Y me preguntaba a mí mismo:

— *¿Cómo es que mis padres me soportan tanto?*

Después seguía diciéndome:

— *¡Si yo tuviera a un hijo igual a mí, ya lo hubiera ahorcado!*

También me acuerdo que solo me la pasaba quejándome de mi vida diaria, y de mi miserable <<existencia>>. Me quejaba porque no podía comportarme bien e inclusive me gustaba portarme mal, y como ya te habrás imaginado estimado lector, eso me acarreaba muchos problemas. Extraño era el día en que en mi casa no me castigaban o pegaban porque había hecho algo malo. Por lo tanto, me preguntaba cada día por qué mi existencia tenía que ser así.

¿Por qué me comportaba como un animal o peor que un animal que no entiende?

Casi todos los días me peleaba a puños con algún niño. El día que no me peleaba a golpes con alguien, yo sentía que mi cuerpo necesitaba ser castigado de todas maneras. Por esa razón, a veces tomaba un cinturón de cuero y me aporreaba a mí mismo en la espalda con la hebilla de metal del cinto. Para información al lector, el acto de auto golpearse con cualquier utensilio se llama **<<flagelación>>**. Así que practicaba la *flagelación* cuando estaba a solas en mi cuarto. No les temía a los golpes, más bien ahora los necesitaba para dormir satisfecho en mi día a día. A diario continuaba preguntándome si el resto de mi vida sería así, y ansiaba por saber:

—*¿Por qué no podía entender razones y obedecer a mis padres y a mis profesores de escuela?*

Entonces, empecé a darme cuenta y a creer que mi existencia en la Tierra sería únicamente infeliz y patética. De la misma forma, llegué a entender que no había nada para mí en esta vida — ni en ese momento ni tampoco en el futuro. En las noches antes de dormir veía la televisión y al ver las noticias me deprimía aún más. Puesto que observaba que había muchos problemas en este planeta, y eso me hacía preguntarme por qué había tanta maldad. Logré percibir que vivía en un mundo imperfecto y sumamente cruel. Debido a esto, a diario me hacía las siguientes preguntas…

—¿Por qué hay tanto dolor, muerte, pobreza y robo?

—¿Por qué existe tanta enfermedad y guerra en todas partes?

—¿De dónde provienen todas las catástrofes y toda la corrupción?

Ah, y también que no se me olvide, pues igualmente me preguntaba:

—¿Por qué hay tantos malos olores en este apestoso mundo?

Y no había respuestas, tan solo ansiedad y mucha frustración. Hay varios momentos y etapas en mi vida en las que he tenido filosofías personales que he repetido a diario. Algo así como un tipo de mantra o manía. Mi dicho personal en ese momento de la vida era:

—¡Yo no quiero vivir aquí y no quiero vivir esta vida!

Esa frase la decía diariamente. A cada momento me la pasaba renegando de mi propia existencia, ya que estaba desilusionado de todo lo que veía. Las malas noticias de la televisión, mi propio mal comportamiento, y mi actitud enferma hacía la vida me hacían ver solamente un mundo brutal y hostil a cualquier benevolencia.

Tampoco le tenía respeto a la vida. Sentía un exquisito placer al causarle dolor a las personas y al matar todo tipo de animales en los cerros del pueblo.

No tenía remordimientos. No había luz al final del túnel. No había esperanza para mí.

Y si este planeta estaba lleno de gente igual a mí, entonces, tampoco había esperanza para el mundo. Tristemente esa era mi manera de pensar a los escasos siete años de edad. Desde chico siempre me gustó mucho estar solo. Por alguna razón le tome gran afecto y cariño a la soledad. Uno de esos días me fui solo a cazar y matar animales en los montes que rodeaban al pueblo. Vagaba solitario por los cerros e iba quejándome de todo lo malo que había en la Tierra — como ya era mi costumbre. Así que caminaba murmurando, remilgando, y maldiciendo. No me lo guardaba. Lo decía a voz fuera. Simplemente, ya no quería vivir más, y el mundo entero tenía que saberlo.

Era un día un nublado. Era inusual para un desierto, pero había acabado de llover. El aroma a tierra mojada se podía oler en el ambiente. El sol vacilaba en salir y escondía su radiante resplandor bajo una que otra errante nube gris. Para ese entonces, ya eran como las dos de la tarde cuando de repente y sin ningún aviso — *un ser invisible* — me empezó a hablar. No vi a nadie cerca de mí, pero una voz me empezó a hablar a mis oídos en un tono claro, amigable, y cálido.

El ser invisible me hablaba como si ya me conociera desde hace mucho tiempo, y su voz inspiraba plena confianza y compañerismo. La voz era como la de un hombre joven, y al parecer, de acuerdo al sonido proveniente, él era más alto que yo.

Volví mi cabeza hacía todos lados tratando de buscar de dónde provenía la dichosa voz, pero no había nadie a mi lado. A pesar de esto, no tuve temor. No me dio miedo, no porque yo fuera muy valiente, sino porque creo que la experiencia que ya había tenido a los seis años de edad de escuchar *voces sin cuerpo,* me había familiarizado un poco con este tipo de ocurrencias.

Sin embargo, el ser invisible al parecer <<**conocía**>> mis pensamientos. Más aún, no solo mis pensamientos de ese instante, sino al parecer también mis pensamientos desde hace mucho tiempo atrás. En fin, cuando esa voz empezó a hablarme, manifestó lo siguiente:

—*¿Por qué te lamentas tanto? Lo único que escucho de ti son quejas de día y de noche. ¡Y no paras de protestar!*

Después de eso, el ser invisible continuó diciendo:

—*Así como dices que hay odio, también hay amor. Así como hay malos olores, ¿qué me dices del aroma de las rosas? ¿Qué me dices de la fragancia de los perfumes exquisitos? Así como hay gente mala, también hay gente buena. Así como hay ladrones y deshonestidad…*

Aquí la voz tomó un tono más enérgico, pero con alegría continúo…

—*¡También hay gente que busca la verdad y la justicia! Así como hay muerte… ¡Hay vida! Así como hay tristeza y dolor… ¡También hay felicidad! ¿Qué me dices del gozo de la risa?*

A continuación, alzando un poco más la voz que para entonces ya cargaba un tono de reproche, la invisible aparición agregó:

—*Tú solo ves lo malo porque te obstinas en ver lo malo.*

—*¿No sabes que de todas maneras tienes que vivir esta vida?*

—*Entonces, ¿de qué te sirve quejarte tanto?*

—*Pero te diré más...* (prosiguió el excepcional maestro).

—*Si tú te empeñas en vivir esta vida pensando en cosas negativas, vas a poder vivir la vida* (aquí la voz hizo pausa y siguió) ... *Pero no serás feliz.*

—*Te hago saber que tú también te puedes empeñar a vivir esta vida pensando solo en cosas positivas. También puedes vivir la vida de esa manera. Lo distinto es que tú serás feliz en vez.*

—*El* **<<secreto>>** *a la felicidad, es tomar el camino a la felicidad. Solo hay una ruta a ella y solo tú puedes elegir ese sendero y nadie más.*

—*Recuerda muy bien esto... Ya estás en este mundo, tendrás que vivir esta vida, y solo tú tomas la decisión para ser feliz o infeliz.*

El ser invisible finalmente exclamo:

—*¡Todo está en ti!*

Y allí paro la lección. Así como la voz llegó repentinamente, esta desapareció de igual manera, y yo me quedé solo, sin saber qué pensar de todo esto. Podría ser sorpresa para alguien, pero la Biblia nos habla acerca de la experiencia de escuchar voces al oído en la siguiente página.

> *Job 33:16-18.* **DIOS HABLA AL OÍDO** *de los hombres; los reprende y los llena de miedo,* **PARA APARTARLOS** *de sus malas obras* **Y PREVENIRLOS** *contra el orgullo. Así los libra de la tumba,* **LOS SALVA** *de la muerte.*

Siempre he leído libros desde niño, ya que persistentemente he buscado respuestas a la vida como mucha gente se cuestiona. Pero cuando leí lo que la Biblia dice en el versículo anotado arriba el cabello de atrás de mi nuca se **<<erizó>>**. Según las escrituras, ¡Dios mismo puede hablar al oído de alguien! Son sorprendentes las lecciones que nos puede dar la Biblia. Pero muchas veces leemos la palabra y no la entendemos porque nos falta el **<<discernimiento>>** espiritual. Algunas veces el *discernimiento* espiritual se adquiere cuando Dios hace que vivas una experiencia en vida propia, y luego que al leer el bendito texto puedas decir…

— *¡Ah!... ¡Ahora entiendo!*

Entonces, una cosa es leer la Biblia y otra es entenderla. Asimismo, una cosa es entenderla y otra muy distinta es experimentarla o vivirla. Es triste, pero la mayoría de las personas no entienden las sagradas escrituras, y por lo tanto, no viven la palabra de Dios que se encuentra en ella.

Con este libro espero poner mi granito de arena en este tema y tal vez ayudar a alguien a entender algunos versículos. Confió en que las citas bíblicas que aprenderás en este texto, te darán el conocimiento necesario y suficiente, para salvar tu alma del infierno, y tener un encuentro personal con Dios.

PSICOLOGÍA DEL NIÑO DE 7-8

Un niño normal de esta edad le muestra más simpatía a quienes le rodean. El pequeño también suele ser menos egoísta, y muestra más bondad y cooperación a los problemas y necesidades de su familia. Además, el chiquillo se puede volver más reservado o introvertido. La idea de fallar y no tener éxito en la vida, ya merodea el pensamiento del menor para este entonces. En mi situación, yo no era nada bondadoso y mi comportamiento era muy egoísta. Todo esto sumado a una gran falta de voluntad para cooperar con mi familia — *puesto que odiaba a todos*. Pero eso sí, sabía que algo malo me ocurría. Algo estaba extremadamente mal conmigo, pero no sabía cuál era el error, y me preocupaba mucho mi futuro.

LA DICOTOMÍA DE LA VIDA

La vida en el mundo tiene una dicotomía. Dicotomía quiere decir tener que tomar una elección entré dos decisiones opuestas. Hay dicotomía al elegir entre tener pensamientos positivos o negativos. De la misma manera, podríamos decir qué hay dicotomía al elegir entre hacer cosas buenas o malas. En realidad, hacemos esto tan comúnmente que ya no le prestamos atención. En este momento, lo importante es saber que esta acción mental existe, y que este hecho ocurre un gran número de veces al día en nuestro cerebro. Después de la lección que me dio el singular maestro invisible, decidí tratar de ser una persona positiva. Estimado lector, soy bastante lento para aprender, pero me apresure a poner en práctica esa enseñanza, y al parar de quejarme tanto mi vida cambió de cierta manera. Pude darme cuenta de que empecé a vivir un poco más feliz, al no tener tanta tribulación en mis pensamientos.

En las siguientes páginas voy a hablar de <<cuatro>> pasos que me fueron mostrados para vivir mejor, y que también son de gran ayuda para buscar, conocer a Dios, y obtener la salvación del alma. El primer paso es…

PRIMER PASO PARA SALVAR
EL ALMA

El primer paso es — **Se Positivo**. Piensa solo en cosas buenas y habla solo cosas buenas. Recuerda que pensar y hablar cosas buenas es algo que tiene que ir — mano a mano — para que esto funcione. El hablar y el pensar sobre cosas buenas, no son, ni serán dos cosas separadas para que esto esté de acuerdo con Dios. Veamos lo que dice la Biblia con respecto a esto:

> *Deuteronomio 5:28-29. Mientras ustedes me hablaban, el Señor estaba escuchando lo que decían, y entonces me dijo: He oído todo lo que ha **DICHO** este pueblo, y me ha parecido muy **BIEN**. ¡Ojalá **PIENSEN SIEMPRE** de la misma manera, y me honren y cumplan mis mandamientos todos los días, para que tanto ellos como sus hijos tengan siempre una vida **DICHOSA**!*

Aquí en el libro de Deuteronomio, tenemos a Moisés describiendo un acto del pueblo judío. La escritura nos cuenta que a Dios le pareció muy bien lo que hablaba el pueblo. Entonces quiere decir que el pueblo — hablaba cosas buenas. En seguida, Dios dijo que a Él le gusta que la gente siempre *piense* bien. Y el resultado de hablar bien y pensar bien, como dice el final de la cita es que la gente estará mejor. El versículo dice que las personas tendrán una vida dichosa, o bien, una vida feliz. Es tan **<<importante>>** para Dios las cosas que tú piensas y hablas, que la misma enseñanza se repite varias veces y en varios capítulos a través de la Biblia, revisemos:

San Mateo 12:35-37. El hombre bueno **DICE** *cosas* **BUENAS** *porque el bien está en él, y el hombre malo dice cosas malas porque el mal está en él. Y yo les digo que en el día del juicio todos tendrán que dar cuenta de cualquier palabra inútil que hayan pronunciado. Pues por tus* **PROPIAS PALABRAS** *serás juzgado, y declarado inocente o culpable.*

Génesis 6:5-6. El Señor vio que era demasiada la maldad del hombre en la tierra y que éste **SIEMPRE** *estaba* **PENSANDO EN** *hacer* **LO MALO***, y le pesó haber hecho al hombre.*

Estos versículos nos enseñan como Dios <<**realmente**>> escucha todo lo que nosotros decimos y pensamos. Por esta razón, es sumamente importante que le pongamos atención a esto. Así que es mejor que desees solo cosas buenas con tu mente y que también hables solo cosas buenas.

Quizás te sorprenderá saber que de acuerdo a las últimas investigaciones de la Fundación Nacional de Ciencias (*NSF siglas en inglés*) en EE.UU., una persona con una mente ocupada tiene de doce mil a cincuenta mil pensamientos diarios. De igual forma, es interesante saber que el mismo estudio revela que hasta un ochenta por ciento de esos pensamientos por lo general son negativos.

Si esto es así, entonces hay mucha verdad en la recomendación bíblica. El ser humano puede ser bastante negativo en sus pensamientos. Por lo tanto, la persona tendrá que cambiar su manera de pensar si quiere llegar a ver el reino espiritual llamado el Cielo. Una vez que conviertas los pensamientos negativos en positivos, y las palabras malas en palabras buenas, ya estarás más cerca de la salvación de tu alma, y estarás caminando con firmeza hacia el segundo paso.

CAPÍTULO 5
¿YO COMO UN SACERDOTE?

Ahora tenía ocho años de edad, y al parecer el encuentro con el ser invisible y la enseñanza de comportarme como una persona positiva me habían dejado bastante entusiasmado. Debido a esto, empecé a visitar la iglesia con frecuencia. Había solo un templo en el pueblo. La parroquia era católica y era muy pequeña, pero con mucho gusto asistía a ella cada domingo por la mañana. Bien me acuerdo que a esa edad me preguntaba a qué profesión me dedicaría en el futuro. ¿Cuál sería el trabajo mejor remunerado? Posiblemente sería bueno ser un abogado. ¿O qué tal llegar a ser un famoso actor?

También soñaba trabajar como un embajador para mi país en algún lejano y exótico país extranjero. Me imaginaba portando un caro portafolio hecho de piel de cocodrilo. Vestiría un costoso traje y corbatas de seda fina. Mi traje de un color gris claro, sería hecho con codiciada lana de cachemira, y confeccionado por algún famoso sastre diseñador. Mis zapatos serían de color vino con terminados de un brilloso charol.

Mi oficina de trabajo tendría que verse como la de un exitoso executivo. Tendría un lujoso escritorio hecho de carísima madera de caoba, y palmeras en todo alrededor dentro de la oficina, ya que me gusta mucho la vegetación y las plantas.

Por otra parte, me acuerdo qué pensaba también en la probable realidad de Dios, y me decía a mí mismo:

— *Si Dios existe, él sería el jefe más grande que hay en todo el planeta.*

— *¿Entonces, acaso no sería mejor pagado, y más importante trabajar para el jefe más grande de todos?*

A pesar de mis profundos pensamientos con la posible existencia de la divinidad o de mis planes para establecerme en un importante empleo público, yo me seguía portando tan mal como me era posible. Para ese entonces, el pueblo de La Perla ya había pasado un mes completo sin televisión. Esto debido a que había prendido fuego a la única antena receptora y transmisora de la señal televisiva de ese lugar. El día me era corto para hacer maldades y esto incluía hacer una que otra *bromita* pesada.

UNA MALA NOTICIA

Tenía un tío qué se llamaba *Antonio*, y él vivía con su familia en un estado de la república mexicana llamado Lázaro Cárdenas, Michoacán. Un día recibimos la terrible noticia de que mi tío *Antonio* había fallecido prematuramente a los treinta y cinco años de edad. Su muerte había sido algo inusual, ya que él murió al hacerse una sencilla extirpación quirúrgica de las amígdalas (*amigdalotomía*). Después de que el doctor le administro la anestesia a mi tío para comenzar la cirugía, *Antonio* se quedó dormido, y no volvió a despertar. Este acontecimiento fue en especial muy doloroso para muchas personas, pues él era un excelente proveedor para su familia, y era un buen esposo y un noble padre.

Yo recuerdo a mi tío Antonio como una persona extremadamente amable y buena.

A mi fallecido pariente le sobrevivió su esposa, mi tía *Hortensia*, sus dos hijas, mis primas *Liz y Teresa*, y un hijo, mi primo *Toni*. Mi tía *Hortensia* era hermana de mi padre *José Luis*. Por esa razón, los hijos de mi tía *Hortensia* son mis primos hermanos. Mis primos hermanos y yo somos más o menos de la misma edad, así que siempre jugábamos juntos cuando nuestros padres se visitaban.

PSICOLOGÍA DEL NIÑO DE 8-9

De acuerdo a las diferentes etapas psicológicas de maduración y crecimiento, un pequeño de esta edad por lo general disfruta socializar con otras personas, y en especial le gusta convivir con su propia familia. Aun así, el niño de ocho a nueve años puede ser impaciente y tal vez hasta odioso en veces. Al menor le puede gustar criticar y argumentar con sus padres y también puede ser algo grosero. La razón de esto podría ser porque el chico se siente inadecuado e infeliz con su estado económico social, pues a esta edad los chiquillos ya empiezan a hacer comparaciones de clases sociales.

Algo especial que pasa en esta etapa, es que el niño tiene problemas para aceptar sentimientos de culpa o aceptar que ha hecho algo equivocado. De los ocho a los nueve años de edad, por lo regular, cuando el menor comete un error, este se defiende echándole la culpa a alguien o a alguna otra cosa.

Las decisiones entré el bien y el mal, también ocupan mucho la mente del menor en este periodo.

En mi caso, yo experimenté las cosas normales que un crío experimenta en esta etapa, con la excepción de que tenía cero habilidades para socializar con la demás gente.

LAS OTRAS DIMENSIONES

En este momento de la historia ya tenía nueve años de edad, y mi familia y yo nos habíamos mudado a vivir a la Ciudad de México. Vivíamos en un edificio de departamentos. La vivienda todavía hasta el día de hoy está localizada en la colonia Obrera, en la calle Isabel La Católica, solo a unos minutos de la plaza principal gubernamental llamada el Zócalo.

En mi vida no había mucha novedad. Seguía peleando con mis compañeros de clases y con los niños de alrededor de mi vecindad, y al llegar a la casa les hacía la vida difícil a mis padres y a mi hermano *Gabriel*. Esto debido a que seguía lleno de mucho odio y rebeldía en mi interior. Para ese entonces mi tía *Hortensia* y su hijo y dos hijas también se habían mudado a la capital de México, y a una vivienda relativamente cerca de nuestro apartamento. Un día mis padres visitaron la casa de mi tía *Hortensia*, y sucedió qué mis primas *Liz y Teresa* me invitaron a jugar un juego especial con ellas. Este era un divertido pasatiempo con el qué ellas ya llevaban un tiempo entreteniéndose — la famosa tabla de la Ouija. Y quizás el lector se preguntará, ¿qué es la tabla de la Ouija?

El juego de la Ouija es una tabla cuadrada y plana con las siguientes cosas escritas en ella — Las letras del alfabeto, los números del 0-9, y las palabras Sí, No, y Adiós. Se dice que solo los verdaderos espiritistas pueden usar la tabla de la Ouija para comunicarse con los muertos. Yo jugaba ese juego cuando visitaba a mis primas y realmente no creía en eso. Pero mi prima *Teresa* le había tomado un gran <<interés>> y lo jugaba regularmente. Ella empezó a consultar la tabla de la Ouija desde sus cortos ocho años de edad, ya que ella creía que mediante este juego era posible hablar con su padre que había fallecido hacía tiempo atrás.

Al principio, el espíritu dentro de la Ouija le decía y le aseguraba a mi prima que él era su difunto padre. Y por ese motivo, *Teresa* jugaba a comunicarse con el espíritu de su padre por varias horas todos los días.

Invocar a un espíritu en una sesión del juego de la Ouija, era extremadamente fácil para ambas de mis primas. Al ligeramente poner un par de dedos en un pequeño corazón de madera, hacerle una pregunta a la tabla, y concentrarse intensamente, un *espíritu* respondía moviendo el corazón de madera sobre el tablero. El corazón de madera paraba apuntando en cada letra formando palabras, y las palabras a su vez formaban enunciados completos. Para formar fechas y horas, el corazón se detenía en las numeraciones del 0 al 9.

La tabla de la Ouija que parecía ser tan solo un — inocente juego — para divertirse por un rato, resultó llegar a ser toda una pesadilla para la pequeña familia de mi tía *Hortensia*. Al principio la vida de *Teresa* transcurría normal, pero llegó el día en qué mi prima comenzó a comportarse de una manera muy inusual. El dulce sueño de que ella había restaurado la comunicación perdida con su querido fallecido padre, se convirtió en una horrenda **<<pesadilla>>**. Ya que un demonio se le empezó a aparecer en sueños mientras ella dormía y la criatura satánica la intimidaba diciéndole — *He venido por ti, tú me perteneces, tú eres mía.*

La bestia qué se le aparecía tenía la cabeza de cabra, con una larga barba negra. De su cráneo sobresalían un par de cuernos retorcidos, que como el azufre fundido, se veían de un color amarillo rojizo. Los cuernos mostraban manchas de ceniza ennegrecida en algunas partes de sus enroscados. Sus ojos eran incandescentes rojo como brasas prendidas. De su hocicó surgían un par de largos, encorvados, y picudos colmillos caninos de un sucio color marfil. Con excepción de su cabeza, la parte superior de su cuerpo (*el torso*) era como la de un hombre, y la parte inferior de su cuerpo era como la de una cabra. Sus patas eran velludas de un color café oscuro, y estas terminaban con unas chamuscadas y opacas pezuñas negras. El pelaje le brillaba. De todo su cuerpo emanaba un pesado y apestoso humo gris.

Al pasar el tiempo, el ser inmundo no solo la intimidaba con palabras, sino que también empezó a atacarla y a lastimarla durante sus sueños. En las madrugadas, cuando *Teresa* gritaba de terror y dolor por lo que experimentaba en sus pesadillas, su sobre-exaltada madre corría al cuarto de su hija tratando de auxiliarla. Pero todo esfuerzo era en vano. Las pesadillas seguían repitiéndose y nadie podía hacer nada para ayudarla.

Por un tiempo, los ensueños la atormentaban solo cuando ella dormía durante la noche. Pero después, el sufrimiento para ella no solo era de noche, sino también de día. Durante el día mi prima empezó a desmayarse. Cuando ella se desmayaba, y luego recuperaba la consciencia, su boca emitía sonidos de animales, y su mirada cambiaba. Su rostro se fruncía y sus ojos se veían enojados. Otra característica es que ella no podía reconocer a la gente que la rodeaba. *Teresa*, inclusive, desconocía hasta a sus propios familiares, y nos decía:

— *¿Quién eres tú?*

— *¿En dónde estoy?*

Algo que igualmente era impactante es que su fuerza era muy grande. Al tratar de llevarla a la iglesia, ni tres personas adultas la podían sujetar para llevarla al servicio dominical, pues ella se resistía y podía más que ellos. Poco a poco, entre familiares y amigos, mi prima empezó a tener fama de que estaba **<<loca>>**.

No obstante, cuando su madre llevaba a *Teresa* a ver a los doctores especialistas, por muy extraño qué pareciera, ni los médicos ni psiquiatras le hallaban alguna enfermedad. Si la psicología trata de explicar el tipo de pesadillas de ser perseguido, ser mordido por algún animal, o ser asesinado — se dice que la causa común pudiera ser que la persona tiene problemas de adaptación social. De la misma manera, y de acuerdo también a la psicología, una pesadilla puede ser una reacción normal a la cantidad, y tipo de estrés al que pueda estar sometido una persona en su vida cotidiana. Si el problema continúa y este llega a impedir el desarrollo social del individuo, la situación seria considerada como un **<<desorden>>** o un trastorno. Y si la pesadilla es recurrente con el mismo tema, entonces el problema se podría catalogar como un desorden del tipo llamado *pesadilla repetitiva*. Cabe señalar que este tipo de problema se presenta más en las mujeres que en los hombres. Así que, según la ciencia de la mente, todo esto podía tener una explicación científica. ¿O no?

En mi opinión, la Ouija no es un <<juego>> como inocentemente lo promueven las tiendas de juguetes. En realidad, la tabla Ouija es una puerta — es un portal espiritual a una dimensión maligna — ya que de ese objeto puede salir todo tipo de espíritus inmundos. Miremos lo que dice la Biblia con respecto a esto en la siguiente hoja...

> *Levítico 19:31.* **NO** *recurran a* **ESPÍRITUS** *y adivinos. No se hagan* **IMPUROS** *por consultarlos.*

Como se puede leer en la escritura, Dios ya le ha estado dando consejos a las personas para evitarles problemas desde hace miles de años atrás. Dios sabe bien que al invocar espíritus, la persona se hará **<<impura>>**. Esto quiere decir, que el propio espíritu de la persona que invoca al espíritu de un muerto, *se contaminará* con el espíritu que ha sido invocado. Esto significa que la persona puede alojar a otro espíritu en su cuerpo carnal, contaminándose así de esa manera.

Y este tipo de daño no puede detectarlo la persona simplemente con los ojos, pues sucede en un plano espiritual. Si un individuo después de jugar la tabla Ouija pudiera ver a un **<<chango>>** colgándose de su cuello, entonces, ¿quién en su sano juicio mental la jugaría? Bueno, claro está que esto no es así de obvio ni fácil de detectar.

En la especial circunstancia de *Teresa*, lo que pasó fue que un demonio se hizo pasar por su fallecido padre *Antonio*. Al pasar el tiempo, y al establecer confianza y amistad con ella, el espíritu maligno finalmente salió de la tabla de la Ouija — para después tomar lugar y posesión en el cuerpo físico de Teresa.

58

Y si el lector se pregunta, ¿cómo es que hay un lugar para un espíritu dentro del cuerpo de una persona? Pues bien, esto se debe a que el cuerpo físico es un — *envase o un recipiente* — para un cuerpo o más cuerpos espirituales. A veces la persona puede sentir un lugar vacío en el pecho del cuerpo físico, de este lugar es del que estoy hablando. El cuerpo de carne puede albergar a otros espíritus, además del propio espíritu humano. Y, por más increíble que parezca, el cuerpo humano puede alojar a miles de espíritus demoniacos dentro de él. Esto puede suceder porque un cuerpo espiritual no se sujeta a las leyes físicas de un cuerpo carnal.

Como ejemplo de esto que digo, tenemos lo escrito bíblicamente en el libro de San Marcos capítulo cinco — cuando Cristo libera del yugo demoniaco al endemoniado de Gerasa. Miremos lo que dice la siguiente escritura:

> *San Marcos 5:9. Jesús le preguntó: ¿Cómo te llamas?*

Si puedes leer todo este capítulo en la Biblia, podrás ver que **<<parece>>** que Jesucristo le hizo esta pregunta al hombre. Pero realmente la pregunta fue hecha al espíritu maligno dentro de él. Cuál sería la sorpresa cuando la respuesta del demonio fue...

—*Me llamo Legión, porque somos muchos.*

Es interesante saber que una legión romana en los tiempos de Jesucristo estaba formada por hasta seis mil soldados.

Para empeorar las cosas, no sólo un ser humano puede estar infestado con espíritus malignos — como cucarachas que invaden una casa — sino que también por mi propia experiencia, te hago saber que una persona con una posesión demoniaca puede experimentar problemas que pueden <<escalar>>. Me refiero con eso a que los problemas de la persona van aumentando poco a poco, y a tal grado que aun la misma persona puede perder el deseo de vivir al pasar del tiempo. Esto puede suceder, porque el demonio tiene el poder de quitarle el gusto de vivir a la persona.

Igualmente, es importante aclarar que tratar de ser amigo de un ser inmundo es siempre un esfuerzo inútil. Pues estas son criaturas engañosas que solo tienen como finalidad la destrucción del ser humano o la total **<<aniquilación>>** del ser que posesionan. Como ejemplo de lo que digo, puedes ver otra vez en San Marcos capítulo cinco, con versículo trece. Aquí lo que podrás ver es que cuando la legión de espíritus malignos salió del hombre endemoniado, ellos inmediatamente pasaron a entrar una manada de cerdos. Para acto seguido hacer que la manada cometiera suicidio, desde que los puercos corrieron a un lago y se ahogaron.

Aunque, la mayoría de las veces, el espíritu inmundo mata a la persona de quien ha tomado posesión, de una manera más delicada o mucho más sutil—por así decirlo. Puesto que en el ser humano, el demonio actúa lentamente sofocando a su víctima. Así, poco a poco, el ser infernal va quitándole el gusto de vivir a la persona, y puede acosarla constantemente con los deseos de suicidio. Pero nunca hay que poner en duda que los demonios quisieran matar a un ser humano tan rápido como mataron a los cerdos como en el ejemplo anterior. Esto se debe a que Satanás y sus ángeles caídos aborrecen y detestan con todo su ser al ingenuo y escéptico homo sapiens (*humano sabio*).

Una de las diferencias entre un ser humano y un animal, es que el ser humano tiene voluntad propia, es decir — libre albedrío — y los animales no. El espíritu maligno puede poner el pensamiento de suicidio en el ser humano, pero vencer la voluntad del ser humano le cuesta más trabajo. Los animales desafortunadamente no tienen tal defensa, ya que solo actúan por instinto. Ultimadamente, los demonios no son amigos de nadie, y si muestran amistad, es solo fingida. Hacen esto para que la persona baje sus defensas y así ellos puedan acercarse y poseer al individuo. Estos detestables seres solo desean la destrucción de la humanidad en su totalidad.

El nombre de su diabólico juego es: <<*Control y Destrucción*>>.

En cuanto a usar objetos para hacer contacto espiritual, esto tampoco es buena idea hacerlo, y explicare porque lo afirmo. Con las palabras — objetos para contacto — me refiero a todo aquello que la persona pueda usar como un auxiliante para comunicarse con otra dimensión. Un artefacto de contacto se convierte en un *punto de concentración mental*. Cuando la persona usa la mente para concentrarse en un objeto, entonces se abre una puerta en el reino espiritual que permite la invocación o adoración de criaturas de cualquier naturaleza. Esto no solo incluye a seres divinos como lo serian dioses, ángeles, santos, vírgenes, etc., sino también a espíritus o demonios. Practicar todo esto está prohibido por el Dios bíblico, aunque la intención de la persona sea buena. Estos **<<puntos>>** de contacto pueden incluir cientos de instrumentos como son las imágenes, estampas, estatuas, figurillas, velas, cristales, piedras, agua, etc. Claro está que la tabla de la Ouija es incluida en esta larga lista de cosas que nadie debe de usar por ningún motivo. Acerca de este asunto podemos leer lo siguiente:

> *Deuteronomio 5:8-9.* **NO TE HAGAS** *ningún* **ÍDOLO** *ni figura de lo que hay arriba en el cielo, ni de lo que hay abajo en la tierra, ni de lo que hay en el mar debajo de la tierra.* **NO TE INCLINES** *delante de ellos ni les rindas culto…*

De igual forma, debo añadir que muchas veces los objetos después de haber sido usados — aunque sea tan solo por única vez — estos se quedan permanentemente **<<activos>>**. Aquí, con la palabra *activos* quiero decir abiertos, y estos instrumentos abiertos pueden causar innumerables problemas a sus despistados propietarios. Lo que sucede es que seres de la dimensión espiritual, pueden entrar y salir a voluntad a través de estos portales abiertos. Y por lo general, la mayor parte del tiempo este tipo de entes no son nada buenos. Como consecuencia, estos confundidos dueños de artefactos activos no pueden atinar que es lo que les está causando tantas contrariedades en sus vidas, en sus familias y en sus propias casas.

Acerca de esto, la Biblia nos enseña que el único punto de contacto espiritual con Dios, es el Cristo mismo, y no hay otros mediadores. Esto se puede leer aquí:

> *1 Timoteo 2:5. Porque **NO HAY MÁS** que un Dios; **Y NO HAY MÁS** que un hombre que pueda llevar a todos los hombres a la **UNIÓN** con Dios: **JESUCRISTO**.*

PSICOLOGÍA DEL NIÑO DE 9-10

En esta etapa de la vida de un niño normal, el chiquillo sigue siendo muy dependiente de papá y mamá. El pequeño busca la seguridad que le ofrecen sus padres, y también el ejemplo que ellos proveen. Recuerdo que a esta edad hice enojar mucho a mi madre y ella me corrió de casa. Así que una mañana salí de mi hogar con la intención de nunca volver. Durante el día me la pase de vago en la calle. Pero el problema fue al llegar la noche, ya que no tenía lugar donde dormir. Como no tenía dinero para pagar un hotel, me escondí dentro de una cadena de supermercados llamada *Bodega Aurrera*. Cuando la tienda cerro, yo me quedé escondido adentro. Pero esta aventura no duró mucho. Ya que durante la madrugada fui capturado por el guardia de seguridad, quien a su vez me entregó al gerente, quien por suerte tomó la decisión de llamar a mis padres en vez de a la policía. Mis padres llegaron por mí a las siete de la mañana y regresé a casa — castigado y sin comer.

Acerca de la Ouija y el extraño fenómeno que esta exhibe, la psicología nos ofrece una explicación con el llamado fenómeno *ideomotor*. Según esto, el jugador se auto-engaña al producir movimientos musculares inconscientes. De acuerdo a varios investigadores, muchos de los fenómenos paranormales se deben a este efecto.

CAPÍTULO 6

EL DESAFÍO A SATANÁS

No ocurrió nada memorable a mis once años de edad. Pero, por mi gran culpa, mi hermano *Gabriel* ahora tiene una cicatriz en su brazo derecho. Ya que, en una de nuestras diarias peleas a golpes, yo lo aventé contra una ventana y el cristal al quebrarse le cortó en el codo del brazo derecho. Mi hermano tuvo que recibir varias puntadas en un hospital para cerrar la herida. Ese mismo año, mi hermano se vengó de mí. Un día él me atropelló con su bicicleta y yo caí al piso, pegando primero con el codo de mi brazo izquierdo, causando que mi piel se abriera por cinco centímetros de largo. La herida fue tan profunda que se me podía ver el hueso. El día de hoy mi hermano tiene una cicatriz en el codo del brazo derecho, cuando yo tengo una cicatriz en el codo del brazo izquierdo.

Al llegar a los doce años de edad, algo de lo que me acuerdo muy bien, es que me sentía completamente invencible. Me seguía creyendo más listo, más fuerte, y más veloz que cualquier otra persona de mí edad.

Mi vida estaba llena de contradicciones a esta edad de los doce. Mi cabello siempre ha sido lacio, pero eso me disgustaba e iba al salón de belleza para que me ondularan el cabello. En ese entonces, tenía un amigo que se llama *Luis*, y su cabello natural era rizado, pero él no estaba contento con eso. Así que al mismo tiempo, mi amigo *Luis* acudía al salón de belleza para alisarse su cabello. ¡Vaya, la juventud! Todo parecía al revés. Cuanta contradicción existe en la propia naturaleza humana. Sea como fuere, allí no paraban las **<<incoherencias>>** de mi vida.

Aunque ya había tenido muchas experiencias espirituales, yo seguía desconfiando de la existencia de Dios. Y, por supuesto, que tampoco creía que Satanás existía. De cierta manera, yo era peor que el Apóstol Tomás en el relato bíblico. Recordemos un poco y veamos la historia contada en San Juan capítulo veinte, con líneas del veinticuatro al veintiocho. Aquí, varios discípulos que habían visto que Jesús había resucitado, daban testimonio en todos lados. Una de esas personas a la que testificaron fue al propio Apóstol Tomás.

Empero, Tomás les argumentaba, y les pedía pruebas. Cuando ellos no pudieron dar más que su testimonio, Tomás <<no>> creyó en la resurrección de Cristo, y dijo:

—*Si no veo en sus manos las heridas de los clavos, y si no meto mi dedo en ellas y mi mano en su costado… No lo podré creer.*

El Apóstol Tomás solo llegó a creer en la resurrección de Cristo cuando al pasar de una semana, el mismo Jesucristo se le apareció en persona. Solo así entonces él creyó. Aunque me atrevo a decir que yo estaba peor que el discípulo Tomás de aquel entonces pues yo veía muchas cosas sobrenaturales, pero ni aun viendo me era posible creer.

Y en lo absurdo de mi ignorancia, y sin tener ningún respeto a las dimensiones espirituales, hice algo sumamente loco que me trajo muchos problemas e increíble dolor físico a mi vida por varios años después. Esto fue lo que ocurrió...

Un buen día leyendo la Biblia, me di cuenta de que Satanás era quien ocasionaba tanto trastorno y devastación en el planeta. Pues la sagrada escritura nos menciona que el *ladrón* (*Satanás*) vino para hurtar, para matar y para destruir.

Jesucristo es quien dice todas esas cosas en representación de Lucifer. Esto se puede leer en San Juan capítulo diez, en el versículo diez. De igual manera, también se nos advierte en la siguiente cita:

> *1 Pedro 5:8. Sean prudentes y manténganse despiertos, **PORQUE SU ENEMIGO EL DIABLO**, como un león rugiente, anda buscando a quien devorar.*

Al leer los anteriores pasajes me dio coraje saber que Satanás era el ser maligno quien perseguía, acosaba, y hacía pedazos a la humanidad. Como resultado, se me ocurrió una idea <<genial>> ...

Yo retaría a pelear a Lucifer. Después de todo, ¿acaso no era yo una persona invencible?

Por otra parte, en realidad, yo no creía que existía el Príncipe de las Tinieblas. Aún, en la muy remota posibilidad de que este ser existiera, por supuesto que en mi interior pensaba que Satanás jamás respondería a mis infantiles provocaciones de pelea. De todos modos, empecé a invocar al Diablo para desafiarlo.

Eso era algo que me gustaba hacer, pues me hacía sentir como todo un gran macho mexicano.

Me imagino que el incremento de la hormona de testosterona en mi cuerpo en ese momento especial de mi vida, y mis constantes peleas con los demás jóvenes me impulsaron a hacer una locura. Me sentía como un súper-hombre, y decidí que si Satanás era el culpable de la desgracia que le sucede día tras día al ser humano, entonces yo tenía como responsabilidad el darle una lección. Y pensando de esta manera, me propuse a invocar al Príncipe de las Tinieblas. Por lo tanto, esto fue lo que hice...

Cada día y cuando el reloj señalaba la media noche en punto, me situaba en medio de mi cuarto y decía el siguiente conjuro:

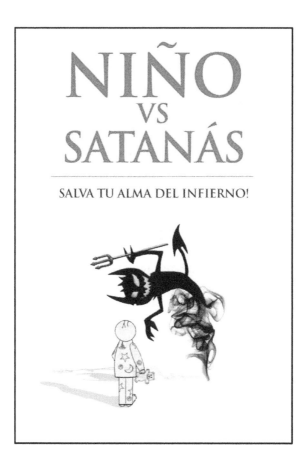

NIÑO
VS
SATANÁS

SALVA TU ALMA DEL INFIERNO!

— *¡Satanás, te reto a pelear por el daño que le haces al ser humano!*

— *¡Eres un ladrón y un engañador!*

— *¡Eres un cobarde, por qué no te muestras ante mí!*

— *¡Ven y enfréntame!*

— *¡Ven, te golpearé y te irás vencido!*

Este desafío al Diablo lo repetía cada media noche y lo hice por alrededor de tres años consecutivos. A esa edad me inscribí en un gimnasio y también tomaba clases de karate. Dado que, según yo, tenía que prepararme para mí gran pelea contra Lucifer. Bueno, claro está que cualquiera que se atreviera a retar al Príncipe de las Tinieblas, se entrenaría también con artes marciales. ¿Acaso no? ¿O había alguna otra manera?

Después de todo, así es como yo pensaba a los doce años de edad.

PSICOLOGÍA DEL NIÑO DE 10-12

Desde los diez a los doce años, el pequeño se encuentra en la edad de la pre-adolescencia. Aquí, el menor tiende a ser más independiente de los padres. Así que necesita menos el cariño y el apoyo de estos—al menos eso es lo que cree él chico. En este esfuerzo del niño de hacerse independiente, la relación entre padres e hijos puede cambiar.

En su intercambio social con sus compañeros, el chiquillo se puede volver más competitivo, y tal vez tratar de demostrar quién es el mejor entre ellos. Esta puede ser la razón por la cual, el niño a esta edad puede que le guste más envolverse en deportes y ganar. De los doce años en adelante, viene siendo la edad en la que la persona en crecimiento trata de ver cuáles son sus límites físicos. Por esa razón, el joven individuo continuamente se prueba a sí mismo.

Varios psicólogos explican que este comportamiento se debe a los cambios hormonales que una persona experimenta en estos años de maduración del ser humano. Este es el tiempo en donde las hormonas empiezan a trabajar, y cambian al chico, y lo empiezan a convertir en un adolescente. La anterior descripción psicológica y medica explica de manera muy exacta mi comportamiento en esta etapa de la vida.

LA MISTERIOSA NAVE

Mis doce años pasaron sin mucha más novedad, pero al llegar a los trece años vi algo que realmente me estremeció. Sucede que por un fin de semana en los templados días de otoño, un amigo y yo visitamos a mi abuela que se llamaba *Trinidad*. Ella vivía en la ciudad de *Hacienda Ojo de Agua*, en el estado de México. Habiendo pasado el fin de semana con mi abuela, ya íbamos de regreso a casa a la Ciudad de México. Era un día domingo como a las ocho p.m. A esa hora, ya era de noche y todo estaba oscuro. En nuestro camino en carro, y a un par de minutos de llegar a la capital, vi una nave en el cielo. Pero no estoy hablando de un simple y vulgar avión. Esta embarcación tenía longitudes descomunales. Era como una completa ciudad volando en el cielo. La aeronave era tan gigante que media como mínimo unos ochocientos kilómetros de circunferencia. La forma de la nave era como la de un disco de Frisbee, era circular, y un tanto aplanada. Innumerables pequeñas luces de colores —rojo, amarillo, verde y azul—rodeaban el contorno del gran disco por sus orillas. Sus luces se prendían y apagaban en secuencia como lo hacen los focos de un arbolito de navidad.

Este formidable objeto volador se encontraba estático, y no sobrevolaba directamente sobre la capital, sino que estaba situado por la orilla de la metrópolis. La nave se encontraba localizada por la entrada a hacía la Ciudad de México, por la carretera a Pachuca (esta área es más comúnmente conocida por el nombre de Los Indios Verdes, debido a unas estatuas que se encuentran ahí). El gran disco tampoco sobrevolaba directamente por encima de la autopista, sino que se mantenía hacía mi lado izquierdo, fuera de la visión del tráfico principal de la carretera.

Cuando vi este objeto me impresioné mucho. Sentí un inmediato escalofrió que me bajó de la cabeza a los pies. La verdad es que imagine lo peor — en una invasión extraterrestre. En mi mente, pensaba que al llegar a mi casa encontraría a mucha población muerta. Ya me imaginaba ver a pequeños marcianitos vestidos con un apretado traje espacial de color plateado, y disparando sin misericordia sus pistolas laser a izquierda y a derecha. De inmediato pensé ver a la raza humana siendo **<<esclavizada>>** por una raza superior alienígena. En sí, realmente ya esperaba la peor desdicha posible. En ese momento, me dije a mi mismo:

— *¿Pues no qué no existían los platillos voladores?*

— *¡Ahora nos han atacado y no estábamos preparados!*

Desde que la nave no hacía ningún ruido o movimiento en lo absoluto, mi amigo *Isidro*, quien me acompañaba en ese momento, no se había dado cuenta y no la había visto. Además, la nave tampoco se encontraba directamente enfrente a la vista. Si tomo como ejemplo las manecillas de un reloj, si a las doce horas equivale al frente, las nueve horas serian noventa grados a la izquierda. Así que la nave se situaba hacía las nueve horas.

De la misma impresión de ver este objeto volador, no pude hablar, pero decidí hacérselo saber a mi amigo. Así que le pegué con mi codo derecho dos veces en su costado para llamar su inmediata atención. Cuando mi amigo volteó, yo le indiqué con el dedo índice hacía el cielo, y hacía la gran nave. Mi amigo, al rápidamente percatarse del inmenso objeto suspendido en el aire, de igual manera se quedó sin habla del sobresalto. Pero hizo una corta exclamación de <<¡Ah!>> del susto, y no era para menos. Al llegar a casa subimos a lo alto de un edificio para ver si podíamos observar de nuevo el grandioso disco. No obstante, eso fue inútil, la nave ya no era visible desde donde nos localizábamos o simplemente ya no estaba.

Esa noche vimos con mucha atención las noticias en la televisión para ver si había reportes del descomunal platillo. Sin embargo, no hubo ninguna mención acerca de eso públicamente en ningún medio de comunicación. Pero desde entonces algo sucedió en mí...

Por qué desde que vi esa colosal embarcación en el aire, me interesó mucho más la ciencia y la tecnología, que buscar si Dios realmente existía. Me empezó a importar más la teoría de la evolución de Darwin, y la posible existencia de seres inteligentes en otros mundos. Y cuando antes de que ese evento pasara no me importaba tanto la escuela, desde entonces le tomé gran afición a leer libros de ciencia, a aprender y a estudiar. Mi hambre por el conocimiento y el saber no se ha terminado aún hasta el día de hoy.

Como unos seiscientos años en el pasado, el **<<vanidoso>>** ser humano pensaba que la Tierra era el centro del Cosmos (*con la llamada teoría geocéntrica*). De igual manera, hace tan solo quinientos años atrás, el hombre pensaba que el mundo era plano. Y quien se atrevía a pensar distinto, y no cambiaba su opinión, era quemado vivo por el régimen político-religioso de la época. El tema candente de nuestros días, es la creencia de qué estamos <<solos>> como única creación de Dios, en los incontables millones de planetas que existen en el espacio. Así que me pregunto:

—*¿A qué se deberá que los humanos nos empeñamos con tanta fuerza, en siempre mantener una mentalidad tan estrecha?*

Por esa razón, me atrevo a decir que me parece que el hombre <<moderno>> no es en ninguna manera mejor que nuestros semejantes del pasado.

No importando que estemos en pleno siglo veintiuno (XXI), el ser humano se sigue vistiendo — *con el mismo viejo manto de arrogancia* — que usó hace miles de años atrás. Al hacer esto, el hombre mismo ha impedido el propio crecimiento y madurez de **<<toda>>** la raza humana. Por lo general, el ser humano de hoy continúa ridiculizando las ideas que lo invitan a pensar más allá de su comodidad.

En realidad, nada ha cambiado. La misma maquinaria de opresión y castigo usada cientos de años atrás, sigue estando igual de activa en la actualidad. Quien se atreva a decir públicamente que cree que existen seres inteligentes en otros planetas, es tachado de lunático. Y el sistema social de escarmiento entra en plena acción de nuevo. La persona que haga tales aseveraciones de haber visto un objeto volador no identificado o inclusive ir más allá, y decir haber tenido un encuentro cercano con un ser no humano o extraterrestre, no es quemada viva — pero por poco sí. El desafortunado individuo puede ser despedido del trabajo. Puede ser expulsado de la escuela. Puede perder la aceptación de la iglesia a la que asiste, y muchas veces llega inclusive también a perder a sus amistades. El celo de seguir con las normas establecidas por la sociedad y la cultura llega a tal extremo que el desdichado individuo aun en su propia casa, y entre sus propios familiares, puede ser mirado como un extraño.

A pesar de todo esto, este libro tampoco tratará el asunto de los objetos voladores no identificados. Aunque, es interesante hacer notar que hay personajes importantes bíblicos que han descrito ver cosas raras volando por los cielos con aspecto de **<<naves>>** o medios de transporte. Como ejemplo de esto, la Biblia reporta la aparición de un *carro de fuego* surcando en el aire, con la subsecuente desaparición del Profeta Elías. Ya que, en ese momento, el famoso vidente parece haber sido transportado hacia el cielo por un extraño objeto volador y aunque hubo gente que lo salió a buscar, no lo pudieron encontrar. Su discípulo Eliseo fue testigo de este hecho, y así es como lo cuenta la historia bíblica encontrada en el libro de segunda de Reyes 2:11.

PSICOLOGÍA DEL NIÑO DE 13-14

Desde los trece años, el niño entra en la etapa de convertirse en un adolescente. En este periodo, el joven empieza a cuestionar la autoridad, las creencias populares y los valores de la sociedad que le rodean. Y ese era realmente mi estado y mi situación a esta edad. Mi filosofía y mantra en este lapso de la vida era:

—*No creas en nada, es mejor que cuestiones todo.*

CAPÍTULO 7

JOVEN

UN MILAGRO SUCEDE

Yo tenía catorce años de edad cuando a mi familia le llegó la mala noticia de que una tía que se llama *Rosa*, estaba muy enferma. En ese tiempo ella vivía en el estado de Illinois en EE.UU. Lamentablemente, los médicos no tenían ninguna respuesta a su aflicción y algunos doctores, inclusive, le daban solo unos meses más de vida. En ese entonces, una pareja cristiana le habló a mi tía *Rosa* de un Cristo Jesús que perdonaba pecados y que <<sanaba>> a los enfermos milagrosamente. Posteriormente, el matrimonio cristiano invitó a mi tía a asistir a su iglesia.

Cuando ella llegó a la iglesia, se presentó con los pastores y les dijo que estaba muy enferma. Entonces, los pastores la invitaron a aceptar a Cristo como su Salvador personal. Mi tía por suerte aceptó. Después de eso los pastores oraron por su sanidad, y la sorpresa fue que mi tía *Rosa* sano milagrosamente en ese mismo instante.

Al pasar los días, ella recobró su fuerza, y su llanto y lamento se tornaron en alegría.

Brincando de júbilo, pronto ella empezó a evangelizar a toda la familia, y en ese mismo año mi tía visitó México. Cuando ella visito mi casa, mi tía nos platicó del milagro de su sanidad efectuado por Dios y nos llevó a una iglesia cristiana. Ella vibraba de emoción y logró contagiar a mi familia con su nueva creencia en Jesús. Mis padres, hermanos, y este escritor aceptamos a Cristo como nuestro Salvador en nuestra primera visita a la iglesia. Según yo, me había convertido en un cristiano. Pero para mí, eso era solo como el último grito de la moda que provenía de EE.UU. Mi conversión no había sido real. Yo seguía tan grosero e impertinente como siempre. La sanidad milagrosa de mi tía *Rosa* solo había servido para causarme una simple curiosidad.

PSICOLOGÍA DEL JOVEN DE 14-15

A esta edad trataba de evitar contacto con mis padres lo más que pudiera. Para lograr eso me la pasaba el mayor tiempo lejos de casa como fuera posible. Solo llegaba a mi hogar para comer y dormir. Era muy impulsivo y me interesó mucho envolverme en jugar deportes, pues practicando deportes podía tomar decisiones rápidas y actuar físicamente con rapidez y violencia. En la mañana asistía a un gimnasio. Por la tarde me entretenía en la escuela, y al regresar de allí jugaba fútbol soccer en la calle por las noches.

LA RESPUESTA DE SATANÁS

Ahora tenía quince años de edad. Ya eran tres años desde que había empezado a retar al Diablo, y todavía seguía invocándole todas las noches para pelear. Sin embargo, un día sucedió lo inesperado, porque Satanás respondió a mi desafío. Lamentablemente, Lucifer no respondió el mismo.

Pues parecía que él estaba ocupado con algún otro empeño (solo Dios puede estar en todos lados al mismo tiempo, pues Dios es Omnipresente, el Diablo no tiene tal habilidad). Así que desde que Satanás estaba ocupado con algún otro menester, él envió a una de sus criaturas de inframundo para responder a mis provocaciones de pelea. Pero al parecer, el único demonio que estaba disponible a la mano del Príncipe de las Tinieblas en esa ocasión, había sido un ser extremadamente feo, deforme y pequeñito. Puesto que la diminuta criatura que me atacó apenas tenía unos escasos sesenta centímetros de estatura.

Esta asombrosa experiencia sucedió un día en el que estaba en el gimnasio tomando mis clases de karate. En ese tiempo, asistía a un deportivo que tenía varios pisos de altura.

Este centro deportivo era un enorme edificio que tenía todo tipo de educación profesional atlética dentro de él. Después de practicar karate, yo tenía por costumbre ir al cuarto piso, donde se encontraba una cancha de basquetbol con duela de piso de madera. Allí pasaba como una hora tirando la pelota de basquetbol a través del arillo. Ya serian como las 11:30 a.m., y me encontraba solo. Aún me hallaba entretenido practicando esta actividad, cuando de repente noté algo que llamo en gran manera mi atención. Pude descubrir un espeso humo que parecía formarse al salir de la pared que tenía en frente de mí. El color de la pared era de un beige claro, y el humo que se formaba era de un color gris muy oscuro, casi tirándole a negro. Así qué la inaudita aparición hacía bastante contraste con el fondo de distinto color. Un ligero desagradable olor a plástico quemado llenó el lugar. Por un momento llegué a considerar que el gimnasio se incendiaba. Pero nada tenía sentido, ya que no veía ningún fuego o flama sobre la pared, y la alarma de seguridad contra incendios tampoco sonaba. Además, el edificio en el que me encontraba estaba construido con paredes de un grueso concreto. Cuando el humo finalmente termino de entrar, este empezó a comprimirse y a formar una densa niebla que sobrevolaba sobre el piso. A continuación, la oscura y pesada neblina comenzó a navegar…, lenta…, espesamente…, hacía mí… (?).

Presté aún más atención, y en efecto, vi que el humo se dirigía hacia donde yo estaba parado. Parecía que la niebla sabía de mi presencia. Le miraba intrigado sin saber qué pensar. Conforme se me fue acercando poco a poco, me empecé a dar cuenta de que *algo* se movía en el interior de la silenciosa y oscura nube gris. Dentro del humo, creí distinguir una silueta. O más bien, ¿el humo se estaba convirtiendo en una figurilla humanoide? Aquello no me gustó, pero no lo supe interpretar. Todo era tan raro. ¿Qué era aquello? Y grande fue mi sorpresa cuando finalmente pude darme cuenta de que... ¡Era un demonio! ¡Vi una macabra criatura pulsar y moverse dentro de la espesa y negra niebla! El ser se materializo completamente ante mis ojos cuando él ya estaba a tan solo un metro de distancia de donde yo me encontraba parado.

Esta criatura tenía una enorme cabeza que desproporcionaba con su flaco, desnudo, y esquelético cuerpo. Su ovalada cabeza estaba completamente calva y esta era diez veces más grande que su cuerpo. Su cabeza tenía orejas puntiagudas por encima de su cráneo, así como las orejas de un vampiro. Sus ojos eran de un color negro impenetrable, y eran grandes y redondos. Sus ojos, careciendo de pestañas y parpados, lucían permanentemente abiertos — *y tal y como los ojos muertos de un tiburón* — sus ojos no parecían emitir sentimientos o ninguna otra señal de vida.

Su nariz no era prominente. Sino que esta se encontraba situada al nivel de su superficie facial y se encontraba un poco por encima de su parte media superior del labio (*filtro labial*). Su nariz constaba únicamente de dos pequeños orificios circulares sobre su superficie facial.

Su boca era completamente anormal. Pues las orillas de la boca (*comisuras bucales*) llegaban literalmente de oreja a oreja, y así asumía una imposible, pero larguísima sonrisa que lucía un gesto permanentemente <<sarcástico>>. El ser tenía largos y delgados brazos que se extendían pasando su cintura y rodillas, y llegaban hasta sus pies. Tanto sus piernas como sus patas eran como las ancas y patas de una rana. Lo que más me sorprendió de esta criatura fueron sus manos y muy especialmente sus dedos, pues sus dedos poseían unas uñas muy características. Cada una de sus uñas eran tan largas como de unos veinticinco centímetros, y todas ellas se veían peligrosamente puntiagudas y tan afiladas como navajas. En vez de piel, el ente parecía tener escamas como las de un pescado o de una serpiente. Y todo su cuerpo era del mismo color del humo de donde había salido, un gris muy oscuro. Cuando el demonio se acercó más a mí, yo, estupefacto, tardé en reaccionar desde que todavía no concebía lo que tenía en frente de mí. Pero al pasar otro par de segundos, reaccioné, y lo primero que hice fue tirarle la pelota de básquetbol que tenía en mis manos.

No obstante, el balón de básquetbol solo pasó a través del demonio traspasándole por la mitad superior de su cuerpo. Mi repentina acción de ataque no sirvió. El ser no se perturbó, ni siquiera se hizo a un lado. Era como si yo hubiera hecho absolutamente nada. La criatura continuó avanzando lentamente hacia mí...

Pero de pronto, como si este hubiese cambiado repentinamente de opinión, el espíritu maligno hizo una breve pausa y se detuvo. Luego, el ente empezó a rodearme sobrevolando lentamente y sin prisas alrededor de mi cuerpo, y a la altura de mis ojos. Era como si me estuviera inspeccionando o estudiando cuidadosamente.

Me pareció, como si el demonio en ese preciso momento analizaba la siguiente pregunta en su ovalada cabezota:

—*¿Quién es este sujeto que todos los días se atreve a retar a mi amo Satanás?*

Y después de haber dado varias vueltas a mí alrededor — y haber parecido dar por satisfecha su curiosidad — el ser se detuvo en el aire, y prosiguió a ponerse frente a mí como en posición de combate. El pequeño diablillo levantó sus larguiruchos brazos que descansaban a su costado y me mostró sus palmas. Cerró sus puños y con un gesto de pelea, me desafió. Su sonrisa increíblemente larga y burlona, no abandonaba su semblante ni por un segundo, y por si es que fuese posible, me parece que esta se alargó aún un poco más.

Yo no sabía qué pensar. Perplejo, no acerté a reconocer o responder. En ese preciso instante me quedé mudo y paralizado. El día de la gran pelea contra Satanás había llegado, y yo asombrado, no lo podía creer. Aunque no había llegado el Príncipe de las Tinieblas, ciertamente ahora tenía ante mí a uno de sus emisarios del inframundo.

Pero, por pura fuerza de hábito, yo no creía en nada ni siquiera aun viéndolo con mis propios ojos. Que yo creyera o no, no le importo al pequeño demonio ya que este empezó a avanzar lentamente hacía mí, casi sin velocidad, como si él fuese el dueño y el señor del tiempo.

Instintivamente levante mis ambos brazos al nivel de mi pecho y los extendí hacía enfrente de mí, para evitar que se me acercara. Con ambos brazos extendidos y con las palmas de mis manos hice una señal de **<<alto>>**. Aunque hacer este gesto fue inútil. El demonio, como si realmente estuviera hecho de puro humo, traspasó la totalidad de mis manos y brazos. Y al llegar a mi abdomen, con sus afiladas garras empezó a descargar varios furiosos zarpazos hacía mi estómago — *tal y como lo hace un tigre desgarrando a su presa*. Sus rápidos y certeros golpes fueron imposibles de esquivar.

Después de atacarme, la criatura cruzó a través de mí como si yo fuese nada. El malévolo espíritu entró en mi pecho atravesándome y saliendo a través de mi espalda.

Cuando volteé mi cara para seguirle la pista, lo vi seguir sobrevolando con la idéntica calma y pesadez con la que este había llegado. Después el ser termino esfumándose por la misma pared por la cual había provenido.

No estaba tan seguro de lo que acababa de suceder. Mas decidí que no debía prestar excesiva atención a esto. Por esa razón preferí olvidar todo en ese mismo instante. Al fin y al cabo, la feroz hambre que sentía después de hacer ejercicio estaba jugando trucos en mi mente. Esto era tan solo una alucinación. ¿Correcto? Tenía que creer así para conservar mi paz interna y evitar sufrir un ataque por ansiedad. Sin embargo, el dolor que sentía en los intestinos de mi región abdominal en ese momento era tan grande que pensé que iba a caer desmayado. Comencé a caminar encorvado buscando la salida del edificio. Al mismo tiempo, hacía presión con mis antebrazos y mis manos en mi estómago, porque sentía que literalmente me habían acuchillado. Y como pude, empecé un torpe, tambaleante, y lastimoso camino de regreso a casa. Cuando finalmente llegué a mi hogar, me tiré en la cama. Acostado me acurruqué en posición fetal, tratando de así aminorar el terrible dolor en mi vientre. Lágrimas salían de mis ojos. Mi sufrimiento era tan brutal, que realmente deseé mejor morir que vivir. Dormí todo el resto del día y a través de la noche. Era tanto el dolor que pensaba que no vería la luz de un nuevo sol…

Pero llegó la mañana y seguía con vida. Aunque desde entonces mi vida cambió por completo. Ya nunca fui el tipo atlético de antes, sino que ahora caminaba algo encorvado. Si estaba acostado en cama, para levantarme tenía que irlo haciendo poco a poco o el malestar aparecía de nuevo. Para ir al baño a orinar, tenía que sentarme en el retrete, pues sino hacía eso, el dolor en mis intestinos se hacía sentir insoportable. Tampoco ya podía levantar nada pesado con mis brazos y manos. Pues si hacía algún esfuerzo, el dolor *sin piedad* se presentaba de nuevo.

A veces al ir caminando me daban unas grandes punzadas en mi estómago. El dolor era tan agudo, que donde yo estuviera, me tiraba al piso inmediatamente. Ya en el piso, me ponía en posición fetal para mitigar la molestia, y me quedaba allí tirado por varios minutos hasta que pasara el tormento. Había quedado lisiado. Mas conforme fue pasando el tiempo me acostumbré a mi nueva vida de sufrimiento. Como dato curioso, el Apóstol Pablo habla de una **<<espina>>** clavada en su cuerpo, que como un instrumento de Satanás, era usada para maltratar y ocasionar sufrimiento en su vida. Esto se halla en la segunda carta a los Corintios capítulo doce. Al parecer, esto había sido permitido por Dios para que el hermano Pablo no tuviera un concepto más grande de sí mismo. Es decir, para mantenerlo humilde, siendo que el Padre Celestial lo usaba para hacer grandes milagros.

Creo que ahora puedo entender de lo que hablaba San Pablo, pues mis dolencias aparecían repentinamente como un verdadero piquete. Era como si de repente *algo* me estuviera jalando el ombligo desde dentro de mí. Pero lejos de ser humilde y buscar a Dios, nunca reconocí mi necesidad, ni mi pobre estado de un ser que necesitaba ayuda—un mísero ser perdido. Y tal vez, por la misma contrariedad existente en la propia naturaleza humana terminé rebelándome e hice exactamente todo lo contrario. Me escondí entre la vanagloria, y mi mente formó una barrera protectora, arrogante y vanidosa alrededor de mí.

El Divino Padre sabe muy bien que el ser humano no está preparado físicamente para hacer guerra contra el Diablo. Aún así, si alguien quiere luchar contra Satanás, el individuo puede, pero no solo. Dado que es con la ayuda de Dios mismo, y es con el auxilio de su **<<Espíritu Santo>>**. Y te alegrará saber que Él está bien dispuesto a ayudarte a pelear. Pero, para pelear contra Lucifer y sus ángeles caídos, la persona tiene que cubrirse primero con el *Espíritu Santo*. Por ese motivo está escrito lo siguiente:

> *Zacarías 4:6. Y él continuó: Este es el mensaje del Señor para Zorobabel:* **NO DEPENDE** *del ejército, ni* **DE LA FUERZA, SINO DE MI ESPÍRITU**, *dice el Señor todopoderoso.*

PSICOLOGÍA DEL JOVEN DE 15-16

El egocentrismo o narcisismo puede afectar esta etapa de la adolescencia. Ambas palabras significan una exagerada exaltación de la personalidad. Y aunque el egocentrismo y el narcisismo son conceptos similares, estos al final, asumen un significado distinto. Un egocentrista necesita la aceptación, y la admiración de aquéllos que le rodean, mientras que un narcisista no exige la aprobación de nadie. También se dice que el egocentrismo es un poco más inocente que el narcisismo, ya que un egocentrista no sabe comprender a quienes le rodean, cuando a un narcisista simplemente no le importa.

Un muchacho egocentrista o narcisista posiblemente se ocupe excesivamente en cómo se mira frente a un espejo. También se puede llegar a creer superior a otros. El joven tal vez alcance a pensar que sus ideas, intereses y necesidades sean mejores y más importantes que las de sus familiares, amigos o compañeros. Y que, por lo tanto, él tiene más prioridad ante todos. A esta edad, yo era un narcisista. Me creía más capaz y más importante, sin requerir el consentimiento de nadie, y ese era exactamente mi pobre actuar y pensar a esta edad. Mi mantra y filosofía en esta etapa de la vida era: *Cada segundo de mi vida muero un poco*. Ya que comencé a valorar de nuevo mi mortalidad y dejé de creerme invulnerable.

¿POR QUÉ NO CREER EN DIOS?

No faltó mucho para alcanzar mis dieciséis años de edad. Pero a pesar de que ya había experimentado varios tipos de sufrimiento, mi corazón se endureció de nueva cuenta. Lejos de aceptar la idea de que había un Dios Omnipotente, rechacé su posible existencia. Así que me dije lo siguiente:

—*Las cosas extrañas que he visto y vivido no ocurrieron porque son simplemente imposibles.*

Esto me recuerda a lo que se dice que le pasó al Faraón de Egipto hace más de 4000 años atrás. Pues él Faraón, aun viendo los milagros y las maravillas de Dios, endureció su corazón y sufrió con todo su pueblo por negarse a creer. Sus propios magos y adivinos le informaban:

—*Esto es mano y obra de Dios.*

Pero el Rey de Egipto no cedía. Esta historia puede leerse en el libro de Éxodo, capítulos del cinco al doce. En mi caso, en vez de buscar a Dios, a esa edad yo me creía un dios, amo y señor de mi vida. A pesar de todos los problemas que de por sí ya tenía, me llené de orgullo. Me hice un poco más ateo e incrédulo de lo que ya era, y me envolví y escondí en teorías que explicaban el por qué no creer en Dios. Veamos, como una persona atea, ¿qué era lo que yo creía?

Un ateísta puede creer en la madre naturaleza, la evolución, y la ciencia como una perfecta explicación de todo lo que existe. Al no amar al Padre Creador, me amaba únicamente a mí mismo. Solo existía yo, primero yo, después yo y al último yo.

Era demasiado difícil para mí creer que había un ser supremo que todo lo podía y que era eterno. Además, si es que existía tan *formidable* ser..., ¿cómo era posible qué la gente buena o inocente sufriera tanto en este mundo? Yo pensaba que un Dios bueno y benevolente no podría dejar que tantas cosas malas sucedieran. Si existía el Padre de los Cielos, ¿entonces por qué Él permitía el dolor y el sufrimiento? Y la respuesta era fácil, bueno, es que... Dios no existe.

Desde el punto de vista médico y científico, era imposible el nacimiento de Jesús de Nazaret de una mujer virgen. De la misma forma, sus supuestos milagros no podían ser comprobados. ¿Y cómo verificar la resurrección de Cristo? Toda su historia era simplemente un absurdo. Así que la respuesta a la existencia del Mesías Judío era fácil también, bueno, es que... Jesucristo no existe. *Se trata de un mero cuento de fabulas,* yo me decía.

A veces pensaba en todas las religiones y el problema que hay con tantas denominaciones religiosas. Eso hacía difícil acreditarle a cualquier religión o denominación, como ser la verdadera portadora del mensaje divino.

Posteriormente, la pregunta se convertía en, ¿por qué ser católico y no cristiano? ¿O, por qué no profesar el judaísmo o el budismo? ¿Por qué no seguir el islamismo o el hinduismo? Y la lista de preguntas seguía sin parar.

Al final, la respuesta era sencilla, y cada vez llegaba a la misma conclusión. Bueno, lo que pasa es que simplemente... Dios no existe. Si Él fuese real — *de seguro qué Él no permitiría tanta confusión* — yo analizaba.

Estudiando algunas diferentes religiones me di cuenta de que cada una era incompatible con la otra. Esta contrariedad entre ellas es lo que les da una propiedad distintiva y singular a cada una, y esta misma incompatibilidad es la que ayuda a formar una religión diferente. Sin embargo, por lo ya expuesto, no todas las religiones pueden estar correctas, aunque <<todas>> si pueden estar equivocadas... Esas eran mis deducciones finales.

Todavía, alguien se atrevería a decir que cualquier religión, de una u otra forma, lleva a Dios. Pero tal aseveración sería bastante improbable, ya que muchas de estas religiones tienen inclusive diferentes dioses. Siguiendo esta línea de cuestionamiento, después la pregunta a efectuar era la siguiente, ¿quién es el Dios verdadero? ¿O, cuáles son los dioses verdaderos? ¿Debería creer en un solo y único Dios y en el monoteísmo? ¿O, en la existencia de muchos dioses y en el politeísmo?

También empecé a cuestionar el origen de la Biblia. ¿Quién había escrito es libro, Dios o el hombre? Por supuesto que el hombre y a través de miles de años. ¿Con qué verdadero propósito fue escrita? Pues para infundir temor y para lograr el control de la población. Y la misma ideología la podía aplicar a los libros sagrados de todas las demás religiones. Pensando en otro tipo de razonamientos para buscar a Dios, me encontraba con el — *método científico* — que me había sido presentado en la escuela universitaria. Este enseña cómo llegar a una verdad, a través de experimentos repetitivos, medibles, y confiables. Es necesario añadir que el nombrado método científico jamás enseñará cómo encontrar o conocer a Dios, porque Dios es amor, y ese método es incapaz de estudiar o medir al amor (*véase 1 Juan 4:8*).

Tal vez algún día los avances en la ciencia podrían revelar y hacer público de que hay suficiente información para deducir que Dios existe. Pero dudo que a través de la tecnología el hombre pueda establecer una conexión con el Padre Celestial, porque simplemente ese no es el plan de Dios por ahora. Lo digo porque de acuerdo a la Biblia, el Padre Creador ya ha preparado una manera muy específica de como el ser humano puede encontrarse con Él. Es como uno de esos secretos que se esconde a la vista en frente de todos y que con gusto revelaré en un capítulo más adelante.

CAPÍTULO 8
ADULTO
EL ROCK & ROLL

Mi familia se había mudado al país de EE.UU., y yo me había quedado en México. Pero al poco tiempo les seguí y me mudé con ellos. Ahora ya tenía diecisiete años de edad y me encontraba completamente apasionado por la música. Especialmente por el rock. Sus sonidos, videos, moda, farándula, y artistas me tenían fascinado. Soñaba con ser miembro de un grupo de música rock, por lo tanto, dedicaba todo mi tiempo a aprender música y a tocar la guitarra. Tomaba clases de música por las tardes y después tocaba guitarra en mi casa por las noches. Así transcurrieron mis días desde los 17 hasta los 19 años y con compañeros que conocí en la escuela de música formamos un grupo. Por primera vez pensaba que era feliz. La música me ayudaba a ignorar mi dolor interno y le daba una razón a mi vida. Así también, con el proyecto musical podía olvidar el vacío que sentía en mi pecho y en mi vida. Vivía emocionado y realmente imaginaba que mi futuro sería dedicado por siempre a tocar música rock. En aquel entonces tenía sueños de grandeza, fama y fortuna, igual que muchos jóvenes a esa edad.

Pero un día de tantos, las tristes noticias de que mi prima *Teresa* empeoraba en su estado de salud, llegaron a oídos de mi familia hasta EE.UU. El número de sus convulsiones se incrementaban cada día y ella era cada vez más agresiva. Nos contaron que un día *Teresa* se había violentado y que había golpeado a personas que la habían tratado de llevar a una iglesia. También escuchamos que su madre *Hortensia*, estaba desesperada por ayudarla, y mi tía estaba dispuesta a enviar a su hija a EE.UU. En ese entonces, el plan de enviar a mi prima a EE.UU., era porque mi tía *Rosa* se había casado con un pastor americano llamado *Miguel*. Y el Pastor *Miguel* y mi tía *Rosa* habían levantado una iglesia que ya servía a una congregación de alrededor de 25 personas. La idea de mi tía *Hortensia*, es que ella quería que el Pastor *Miguel* se encargará de hacerle a mi prima un **<<exorcismo>>** o bien como la iglesia cristiana le llama —*una liberación*. Ya se había intentado el exorcismo en *Teresa* en iglesias en México, pero nada parecía funcionar. Al escuchar la noticia de que la salud de *Teresa* empeoraba, yo me entristecí por ella, ya que recordaba que jugábamos juntos cuando éramos niños. En cierta manera me alegré cuando todas las personas involucradas en el plan de mi tía *Hortensia* aceptaron en ayudar. Es decir, que mi madre *María del Socorro*, mi tía *Rosa*, y el Pastor *Miguel* se pusieron de acuerdo para traer a *Teresa* a los Estados Unidos de Norte América.

Ellos actuaron rápido y al pasar tan solo un par de semanas, mi madre viajó por *Teresa* a México para traerla a casa de mi tía *Rosa* y del Pastor *Miguel*.

Mi tía *Rosa* ya para ese entonces tenía varios años que se había mudado a una ciudad llamada Rancho Cucamonga, en California. Mi tía *Rosa* hasta el día de hoy vive en esa ciudad y allí es donde llegó mi prima. Al pasar por un par de meses de — aburrirse hasta la muerte — de consejería y oración, *Teresa* dijo que se sentía mejor, y que deseaba regresar a México tan pronto como le fuera posible. Ella se despidió del Pastor *Miguel* y de la tía *Rosa*, y se fue a vivir con mi familia solo por algunos días antes de su viaje de retorno a México.

Sin embargo, la esperanza que todos tenían — de que el Pastor Miguel ya había ayudado a Teresa a recobrar su salud — se derrumbó al piso, cuando ella empezó a desmayarse en mi casa. Como un buen ateo que era, me sentí grandemente defraudado por el Pastor *Miguel*. Y pensaba dentro de mí:

— *Pastor Miguel, ¿dónde está tu Dios?*
— *¡Claro, por supuesto que Dios no existe!*

Y me burlaba en mi interior.

Pero ahora sé que todo esto era un plan trazado por la divinidad misma. Porque justo cuando parecía que no había esperanza, fue cuando todo empezó a cooperar para bien. Y esto fue lo que ocurrió...

Mi prima *Teresa* llegó a vivir con mi familia, que en ese entonces se ubicaba en la ciudad de Santa Ana, en California. En aquellos días, a *Teresa* le gustaba mucho hacer ejercicio, ya que ella siempre ha sido una persona muy activa. Un día, para hacer deporte, ella fue a un parque que se encontraba al cruzar la calle de donde vivíamos. Allí en ese lugar, ella conoció a un sujeto llamado *Javier*. Este hombre se veía sumamente extraño. Tenía corte de cabello estilo militar, con ambos costados de su cabeza rapados y por la parte de arriba plano. Usaba lentes oscuros, pantalones militares y botas de combate. En su cuello llevaba una barata cadena de bolitas de acero inoxidable en la cual colgaba una bala perforada de color cobre. Vestía una negra y larga chaqueta de cuero que le llegaba hasta las rodillas. Un viejo libro con la cubierta de color vino, pálida y desgastada por el uso y el tiempo, descansaba bajo uno de sus brazos rematando el ropaje. Su habla y su acento eran de igual manera inusual para mí. Pues él es nativo de la ciudad de Usulután, del país El Salvador, y el idioma español cambia un poco, ya que no es igual al español mexicano. Una palabra mexicana puede tener un significado distinto en El Salvador y viceversa. No obstante, *Javier*, quedando enamorado a primera vista de mi prima *Teresa*, la empezó a visitar en mi casa. *Javier* no solo se veía como un personaje poco común, sino que contaba una historia que todavía era más rara, o más bien, yo diría **<<exótica>>**.

Él relataba haber tenido una infancia muy triste y extremadamente pobre. Él había sido miembro del ejército en su país y había tomado parte en el conflicto contra la guerrilla años atrás. Así qué él decía haber sido un hombre militar. Al terminar la guerra, un día el decidió dejar su país natal y mudarse a EE.UU. Después, narraba que al llegar a EE.UU., él visitó una iglesia y allí había aceptado a Jesucristo como su Señor y Salvador. Pero al poco tiempo, y al desilusionarse de la hipocresía de algunos miembros muy poco espirituales, *Javier* había decidido olvidar el asunto de la iglesia, y se había puesto a trabajar en diversos negocios ilícitos. Dijo que, a través de esas actividades comerciales, él había alcanzado el éxito, y que manejaba dinero por los miles de dólares. Pero que su mejor amigo, al tener envidia de él, lo había traicionado. *Javier* nos detallaba que tan solo hace unos meses atrás, el tal amigo, para quitarle su dinero y tomar su posición en el negocio, le había disparado dos veces a quemarropa con una pistola calibre veintidós. Y *Javier* nos enseñaba las dos heridas recientes de bala en su pecho. Una cerca de su corazón y la otra por el área de los pulmones. Él nos mostraba sus heridas, pues quería que nosotros le creyéramos, y para que así verificáramos su historia. Después de haber recibido los disparos, nos dijo que una ambulancia lo recogió y que al llegar al hospital, él mismo se vio salir de su cuerpo, puesto que ya había muerto.

Javier relata, que cuando él salió de su cuerpo, estuvo sobrevolando por encima de su ensangrentado cadáver, diciendo:

—*Mira, pobrecito, cómo se ve, que triste cara le quedó…*

Él también nos comentó que mientras él observaba esta escena, que se prolongó hasta llegar al quirófano de la clínica, una brillante luz se le apareció y qué él se dirigía hacia esa luz. Posteriormente, añadió que una voz salió de esa luz, y le dijo:

—*No puedes venir a mí todavía, regresa a tu cuerpo, tienes que predicar mi palabra. Diles a todos que yo soy Jesucristo, y que mi reino es real y verdadero.*

—*Diles que* **<<Yo>>** *vendré pronto por una iglesia honesta y limpia.*

Bajo esas circunstancias, *Javier* fue enviado de regreso a su cuerpo, y en el hospital él fue revivido con métodos artificiales. Cuando ya su vida se encontraba fuera de peligro en el sanatorio, él dice que fue enviado a una prisión. Y que después de haber estado por un tiempo en la cárcel lo habían dejado salir, sin hacer ningún cargo penal en contra de él. Según *Javier*, ahora él estaba vivo y libre, solo para dedicarse a predicar el evangelio del Señor Jesucristo. El aseveraba que Cristo mismo se había hecho cargo de haberle dado una rápida recuperación de sus heridas, como también de haberlo sacado prontamente del hospital, y de la misma penitenciaría.

Después de contarnos su historia, *Javier* nos invitó a una congregación cristiana, a la cual él regularmente asistía. La iglesia se llama — *Rayo de Luz* — y aunque esta se ha movido varias veces de ubicación, el templo se encuentra localizado hasta el día de hoy en la ciudad de Santa Ana, en California.

Como parte de mi familia, también tengo una hermana que se llama *Verónica*. Y mi hermana *Verónica*, y mi prima *Teresa*, empezaron regularmente a asistir a la iglesia Rayo de Luz. A los pocos días, me les uní, y también yo empecé a asistir a los servicios religiosos, pero era más para cuidar a mi hermana y a mi enferma prima que sufría desmayos, que por otra cosa.

La historia que *Javier* nos había contado era interesante. Sin embargo, para mí él era solo una extraña persona, y quién sabe, tal vez el tipo estaba enfermo de su mente. Yo no confiaba en él. Y lo malo es que ahora ya lo tenía casi de a diario en mi casa. Además, por supuesto que lo veía en la iglesia igualmente todas las veces, y cada vez que él me veía en mi casa o en el templo, él no perdía la oportunidad de repetirme este siguiente mensaje:

— *Ven, vamos a un retiro para ayunar en las montañas y buscar la presencia de Dios.*

— *Y cuando regresemos, tú ya no serás el mismo.*

En este momento, quizás el lector se preguntará, ¿qué es un retiro?

Un <<retiro>> es un lugar preparado especial y específicamente para buscar el mejoramiento de la vida espiritual de una persona. Esto se hace mediante el ayuno, oración, lectura de la Biblia, y comunión con la hermandad que tiene como intención buscar el mismo objetivo.

En aquel entonces de mi vida, yo creía ser feliz con mis proyectos musicales, y no me interesaba cambiar ni siquiera en lo más mínimo. Para mi juicio y mi conocimiento, yo estaba perfectamente bien y no necesitaba ninguna otra cosa.

Rápido transcurrió el tiempo. Pasaron los meses y ahora yo ya tenía diecinueve años de edad. Uno de tantos días, *Javier* me hizo la misma invitación de siempre, y acepté, pues pensé:

— *Iré al retiro y regresare igual.*

— *¿De qué cambio habla Javier?*

— *Si asisto al retiro, por supuesto que regresaré siendo el mismo hombre de siempre.*

— *Yo no voy a cambiar, no me hace falta.*

— *Y una vez que visite el retiro, y yo regrese igual, Javier ya no me estará fastidiando con el mismo asunto.*

Así que pensando que me libraría del molesto *Javier*, y que no pasaría nada fuera de lo común, acepté la invitación e hice planes para ir al retiro con mi hermana *Verónica*, y con mi prima *Teresa*. Dentro de un par de días, juntos marcharíamos a una misteriosa aventura…

CAPÍTULO 9
MONTE CARMELO

El día de ir al retiro finalmente llegó. Era un viernes, y serian como las ocho de la noche cuando partimos hacía las montañas de California. *Javier* conducía el carro. Los demás pasajeros eran mi hermana *Verónica*, mi prima *Teresa*, y yo. Para mí, visitar ese lugar era una completa pérdida de tiempo, ya que yo perdía la práctica con el grupo de música, puesto que nos reuníamos a tocar los fines de semana. Por esa razón, yo no iba nada contento. Pasamos por carreteras y por tramos largos de caminos desolados y sombríos. Nos tomó más de dos horas para topar con la ubicación. Al llegar, la calle principal en donde se encontraba el retiro no tenía pavimento, todo era tierra. Había acabado de llover en las montañas y la vía estaba muy desgastada. En la calle había grandes zanjas, causadas por caudales de agua que corrían hacía bajo de la vereda. Un carro compacto como el que nosotros llevábamos tenía problemas para atravesar el camino, que en ese momento se componía de pura agua y lodo. *Javier* cruzó muy lento y con cuidado de los profundos hoyos y alargados surcos, para evitar que el automóvil pudiera quedarse atascado allí.

El establecimiento estaba localizado en subida a las orillas de un monte, y a esas altas horas de la noche — todo se veía desértico. A lo lejos y a la distancia, solo se escuchaba el ladrido de perros, que con sus hiper-sensitivos oídos habían notado nuestra llegada. Esos perros no pertenecían al retiro, sino a los vecinos que vivían en la cercanía.

Hacía mucho frio en las montañas. Al hablar podía ver mi propio aliento convertirse en vapor ante mi rostro (*vaho*).

El sitio estaba cercado con una reja entrelazada de metal en todo su rectangular perímetro. Dentro del lugar había como cinco casas móviles, o bien, también llamadas casas pre-fabricadas. Estas estaban ubicadas en diferentes posiciones dentro del contorno abarcando así la mayor parte del área. Este tipo de casas tienen la distintiva característica de ostentar ruedas por debajo de ellas, para así permitir su movilidad y fácil reubicación. No me causó buena impresión la locación. Pero finalmente habíamos llegado al retiro que se llamaba *Monte Carmelo* en la cercanía a las montañas de San Bernardino, en California.

Cuando llegamos, ya pasaban de las diez de la noche. *Javier* se bajó del carro y quitó una cadena de la puerta de la reja. Después deslizo una <<pesada>> puerta metálica que servía de entrada principal, y estacionó el vehículo dentro del lugar.

103

El plan era permanecer allí por lo menos un par de días y por el fin de semana. Así que cada uno de nosotros llevábamos mochilas. Estas contenían una ropa de cambio, y artículos higiénicos como pasta para dientes, champú y jabón para poder asearnos mientras en nuestra estancia.

Después entramos a una casa que era de un solo piso, pero bastante amplia. Esta era la casa mayor o principal, y allí conocimos a unas personas que inspiraban ternura como nunca jamás había encontrado hasta ese día. El Pastor se llamaba *David,* y su esposa se llamaba *Priscilla.* Ambos pastores eran ya de una edad adulta madura. El Pastor *David* tenía sesenta y un años, y su esposa siendo dos años mayor que su esposo, disfrutaba sesenta y tres años de edad en aquel entonces.

La linda pareja pastoral nos trató como si fuésemos de su propia familia. Ellos nos hicieron sentir como en casa inmediatamente y nos llamaron hermanos. Los hermanos pastores inspiraban confianza, respeto y cariño. Ellos también eran el mejor ejemplo de líderes espirituales con los que yo había tenido encuentro.

Esa misma noche, el Pastor *David* me recomendó que mientras yo estuviera en el retiro, yo debería de **<<ayunar>>**. Esto debido a que ayunar se usaba como una forma de sacrificio para Dios dentro de ese lugar.

Yo le respondí que yo nunca había ayunado, ni siquiera un solo día en mi vida, y que si sentía hambre — por mucho qué él se enojará conmigo — yo me iría en el carro a buscar qué comer a la tienda más cercana. Él estuvo de acuerdo. No obstante, el Pastor *David* me dijo que el oraría por mí, para que yo no sintiera <<incomodidad>> al ofrecerle el ayuno a Dios. Inmediatamente, el pastor prosiguió a imponer sus manos sobre mi cabeza e hizo una pequeña oración.

No sentí nada en especial durante esa corta oración que no duró ni un minuto.

A continuación, los ahí presentes empezaron a orar dentro de la casa, mas yo me limité a observar con reverencia. Esa noche nos acostamos como a las tres con treinta de la madrugada, debido a que nos entretuvimos hablando con los pastores acerca de la Biblia y de Jesucristo. También hablamos de cómo ellos habían tenido la idea de establecerse en ese alejado rincón del mundo. La historia que ellos contaban acerca del origen del retiro era difícil de creer para mí. Ellos relataban que por muchos años habían sido solo miembros regulares de una iglesia cristiana. Pero que las cosas habían cambiado cuando Dios se había comunicado con ellos a través de sueños. Y que el Padre Eterno les había dicho en esas visiones, que ellos tenían que comprar un lugar en las montañas para establecer un refugio espiritual.

Inclusive, en uno de los sueños, la visión del lugar había aparecido con una completa dirección de donde estaba localizada la propiedad que ellos debían de interesarse en comprar. Ellos, al buscar la propiedad vieron que esta efectivamente existía, y que por si fuera poco, estaba en venta. Pero el lugar costaba una cantidad de dinero que ellos no podían pagar. Lejos de desanimarse, hablaron con los dueños del lugar, y les dijeron que ellos solo podían pagar el 85% del precio que se pedía, pues hasta ahí llegaba el límite de su préstamo bancario.

David y *Priscilla* les comunicaron a los dueños que Dios les había dicho en sueños qué ellos serían los nuevos dueños. Y qué por favor aceptaran la oferta de compra, aunque no alcanzaban a pagar el costo total de esta. En ese momento los dueños les comunicaron que tenían que hablar entré sí, y que después les darían su decisión. Al pasar ocho días, los hermanos recibieron la llamada de aceptación de su oferta de compra, y ellos con gusto, y sin demora firmaron los contratos.

Así que de haber sido miembros regulares de una iglesia — ellos pasaron a ser pastores espirituales del retiro — que ellos mismos bautizaron con el nombre de *Monte Carmelo*. Y todo esto había sido ordenado, y dispuesto así, nada más y nada menos que directamente por el Creador de la Vida. O, al menos eso relataba la afectuosa y entrañable pareja.

Al día siguiente nos levantamos temprano a las siete de la mañana para orar y leer la Biblia. Yo podía leer el sagrado libro, pero de las demás actividades, mejor me dedicaba a observar. Al pasar el medio día, conocimos a un grupo de hermanos que llegaban de visita de otra iglesia. Era un grupo como de nueve personas, que sin perder el tiempo, empezaron juntos a cantarle alabanzas a Dios.

Dentro de la casa mayor o principal, había un cuarto lo suficientemente grande como para hospedar veinte personas. Este gran cuarto tenía la función de ser una mini-iglesia, y estaba completamente arreglado con tarima, pulpito, instrumentos musicales y sillas. Y allí es donde estábamos todos. La misma hermana *Priscilla* nos acompañaba tocando el piano. A ella le gustaba entonar coritos de adoración y lo hacía con gran gozo y pasión.

Más entrada la tarde, como a eso de las tres con quince p.m., varios fuimos de excursión a la cima de una montaña.

En nuestra ascensión a la montaña se podían ver grandes piedras y peñascos. Y enfilamos hacia arriba zigzagueando entre las grandes rocas, y entre uno que otro verde arbusto.

Al alcanzar una altura considerable sobre la superficie, pude ver un par de aves volando joviales sobre el valle, que poco a poco, se iba dibujando bajo nuestros pies.

Al llegar a la cima, cada quien por separado se ocupó en leer la Biblia, en orar o cantar. También vi a una de las personas ponerse a llorar. Yo, por mi parte, ya no estaba enojado. Inclusive, me había gustado lo que había experimentado hasta ese momento, pues sentí que la gente tenía libertad de expresarse como bien lo desease. No vi a nadie criticando a nadie. Cada cual estaba en lo suyo y con evidente fervor y dedicación.

A mi manera de ver, esto empezaba a verse como un tipo de *terapia en grupo*. En psicología, la terapia en grupo es en donde un conjunto de personas se reúne para ayudarse mutuamente. La idea principal en una reunión típica, es que las personas se desahoguen al expresar libremente sus sentimientos y sus problemas. Este tipo de terapia ayuda mucho a las personas a conocerse a sí mismo y a mejorar las relaciones entre los individuos. Las terapias de grupo también son bastante eficaces para tratar los problemas de soledad, depresión, ansiedad, y adicción. Todo esto guiado por un psicoterapeuta con preparación para evaluar y generar cambios de conducta, actitud, y de razonamiento. Pensando en estas cosas, ahora me encontraba parado sobre una gran roca en la cúspide de la montaña. Cuesta abajo, el paisaje me mostraba los campos bien delineados, con las casas pequeñas. Había juzgado mal, el lugar era bello, y no tan feo y solitario como lo había imaginado al principio.

Allá arriba el viento golpeaba mi rostro con una fuerza moderada y respiré un aire fresco y puro. Sentí un poco de frío, pero también logré sentirme libre de todo. Creo que en ese lugar los problemas mundanos se hacían insignificantes. Así, estando de pie en la cima, un extraño sentimiento me envolvió. Me sentí como que más cerca de Dios. Claro está, si es que este existía. Allí pronuncié estas palabras:

—*Dios, realmente nunca te había buscado como el día de hoy… ¿Verdaderamente existes?*

Entonces, sentí un gran deseo de abrir el libro de la Biblia que llevaba conmigo. Al tan solo abrirlo, las páginas solas, como si movidas por el aire, pasaron de una a otra, hasta que las hojas del libro se pararon en un lugar específico. Fue en el libro de Salmos en donde un versículo resaltaba sobre todas las demás escrituras, como si este fuese alumbrado por una pequeña luminosidad. Y esto fue lo que leí:

*Salmo 84:10. ¡Más vale estar **UN DÍA EN TUS ATRIOS**, que mil fuera de ellos! Prefiero ser portero del templo de mi Dios, que vivir en lugares de maldad.*

En ese momento, leyendo esta cita entendí que todos los demás pasados días de mi vida, no eran nada para Dios. Pero que si yo buscaba a Dios tan solo por un único día, ese día <<sí>> tenía un valor especial para Él.

Mas pensé que había hallado este versículo por mera casualidad, y no por alguna causa sobrenatural, puesto que hacía bastante aire arriba en la roca en la cual estaba parado.

Al bajar de la montaña y regresar al retiro, fuimos a la casa principal y llegamos a sentarnos en la sala, para dedicarnos a ver videos — acerca de algunos famosos testimonios cristianos. Al ver estos videos me impactó mucho escuchar a la gente como hablaba de las maravillas que Dios había hecho en sus vidas. Vimos testimonios de todo tipo de personas de diferente sexo, edad, nivel educativo, cultural y clase social. Quienes testificaron fueron un ex-satanista, un ex-homosexual, un ex-drogadicto, y una ex-prostituta.

Por una parte, cada uno de estos testimonios era distinto, pero por otra parte todos ellos tenían algo en común. Ellos hablaban de como era su vida en el mundo antes de conocer a Jesucristo, y por supuesto, que cada quien tenía una vida distinta. Pero lo que todos tenían en común, es que cada uno de ellos relataba con extremo lujo de detalles, un encuentro personal con el Mesías Judío.

Al ver estos testimonios, mi pobre mente, incapaz de captar estos conceptos solo se llenaba de preguntas y prejuicios. En ese momento pensaba dentro de mí:

— *¡Estas personas son actores pagados!*
— *¿Qué dijeron? ¡No puede ser!*

Y una pandilla — *formada por despiadadas dudas* — violentas y abusivas, me perseguían para apalearme sin misericordia.

El domingo por la noche a eso de las nueve con treinta p.m., ya íbamos de camino a casa a la ciudad de Santa Ana. Para entonces, a mí se me había olvidado que no había comido nada desde hace bastantes horas. Como yo todavía seguía en ayuno, no había comido alimento, ni había bebido agua desde el día viernes por la noche. Y ya era el domingo por la noche, casi llegando al lunes. Esto era inconcebible para mí. De alguna manera había logrado pasar ya cuarenta y ocho horas, sin probar alimento, ni beber agua. Y por increíble que eso era para mí, todavía no tenía hambre, ni sed. Aparte de eso, no sentí nada anormal.

Algo más que me llamó la atención fue la manera en cómo se expresaba la gente en ese lugar. Pues las personas allí hablaban de Jesucristo como si hablaran de un amigo cercano. La gente en el retiro hablaba tanto de Cristo, que ya se había plantado una <<semilla>> en mi corazón.

Dentro del automóvil, y en el viaje de retorno a casa, me empecé a cuestionar... Mirando a través de la ventana del carro contemplando las estrellas, pensaba que si Dios existiese, Él estaría muy lejos. Si Dios existía, posiblemente Él vivía más allá de las estrellas que podía ver arriba en la oscuridad del adormilado, azul, y cristalino firmamento.

Sin embargo, las personas en el retiro hablaban de Dios como si Él fuese el **<<vecino>>** de la casa de al lado o algo así. Era sumamente extraño para mí escuchar a esa gente hablar de esa manera, de un ser que supuestamente es el creador de todas las cosas. Entonces, pensaba que si Dios existiera...

—¿Por qué Él estaría tan interesado en una criatura tan *infame* como lo es el ser humano? Y realmente no había respuestas.

Sino días después leyendo la santa escritura, fue cuando pude ver en el libro de Génesis capítulo uno con versículo veinte seis al veinte siete, que el ser humano había sido creado a la imagen y semejanza de Dios.

Esto se puede leer en:

> *Génesis 1:27. Cuando Dios creó al hombre, lo creó **PARECIDO A DIOS MISMO**; hombre y mujer los creó,*

De aquí, empecé a formular algunas otras ideas...

—Si Satanás odia a Dios, y no puede vencerlo pues está escrito que — *la luz brilla en las tinieblas, y las tinieblas no han podido apagarla* — en San Juan capítulo 1:5.

Será acaso que...

—¿El Diablo, al no poder contra Dios, entonces, se venga de Dios?

Y para hacer eso... Satanás destruye a la humanidad...

— ¿Pues en el ser humano, el Diablo puede ver a Dios?

Por lo tanto...

— ¿Podría ser que Dios está interesado en el ser humano, porque lo está defendiendo contra Satanás?

Si eso es así, entonces, se podría deducir que...

— ¿Jesucristo había sido enviado para ayudarnos?

Absorto, seguía plantando ideas en mi cabeza y meditaba en todo esto. Era un tema apasionante, pero a la vez un tanto confuso, cansado, y abstracto. Debido a que solo podía trabajar con ideas, y conceptos que para mí eran vagos, imprecisos, y altamente imaginativos.

CAPÍTULO 10

LA MÚSICA DISTORSIONADA

Después de manejar las requeridas más de dos horas de camino, finalmente llegamos a la ciudad de Santa Ana, y a casa. Esa noche dormí con la mejor disposición de empezar mi rutina diaria tan pronto amaneciera. Al fin llegó la mañana. Al despertar, lo primero que hice fue poner un disco de música de rock en español en mi equipo de sonido para comenzar el día con energía. Pero algo muy extraño sucedió, pues la música se escuchaba **<<distorsionada>>**. Naturalmente que lo primero que pensé es que se había descompuesto mi equipo reproductor de música. Grandemente contrariado, pero aun dispuesto a comenzar la jornada de la mejor manera posible, prendí la radio para sintonizar una estación de música de rock en el idioma inglés. Pero, para mi gran desconcierto, la música se escuchaba *mal* de igual manera. La melodía, junto con el ritmo, y la armonía—todo parecía estar equivocado en las canciones.

Todo estaba desafinado. Los instrumentos no parecían acompañarse el uno al otro. Inclusive, la voz sonaba como si estuviera cantando a velocidad lenta, completamente fuera de tono e indiferente a los demás instrumentos. Traté cuanto aparato electrónico tuve en mi disposición para reproducir algo de música. Pero el resultado siempre fue el mismo — *las canciones sonaban feas e imposibles de escuchar.*

Me puse extremadamente nervioso. Empecé a dar vueltas en mi cuarto, como si yo fuese un animal salvaje que apenas había sido capturado y enjaulado. En mi confundida y consternada mente, traté de hallar una explicación lógica a lo que le pasaba a la música, pero nada tenía sentido y tuve miedo. Empecé a desarrollar la idea de que tal vez al estar a una altitud muy alta en la cima de la montaña, de alguna manera esto había afectado mis oídos (*barotrauma*). También me preguntaba si alguna infección o enfermedad le había ocurrido a mi sistema auditivo, y me sentí sumamente preocupado. Así que me dispuse a hacer una cita con un otorrinolaringólogo (*doctor especialista del oído*) para el día martes.

Al pasar las horas metido en mi cuarto, meditando, ya empezaba a recordar las palabras que *Javier* me solía decir todo el tiempo:

— *Ven al retiro… No serás el mismo*

Todo el día me la pasé dentro de casa, perplejo y aturdido. Era un lunes por la tarde.

Como a eso de las seis con diez p.m., mi hermana *Verónica y* mi prima *Teresa* me preguntaron si yo asistiría al servicio de la iglesia que estaba a punto de comenzar ese mismo día a las siete de la noche. Les respondí que sí, pero realmente me sentía destruido. Me había puesto un poco melodramático. La música rock era mi *tesoro*, mi nuevo juguete, y ahora ya no poseía nada con que entretenerme. También pensé que ya tampoco tenía un futuro para mí. Sumido en estos pensamientos pasaron los minutos y como a eso de las seis con cuarenta p.m., juntos nos encaminamos a la reunión religiosa. Cuando llegamos a la iglesia, el grupo musical de adoración ya había comenzado, y al entrar al templo escuché los coros de alabanza a Dios.

Para mi sorpresa, la música combinaba sus sonidos con medidas y pausas perfectas. La música *cantaba poesía* en completa armonía, y lo presumía en frente de mi cara, como quien muestra un trofeo recién ganado. Era como si mismos seres angelicales estuvieran cantando y tocando los instrumentos. El sonido era celestial, era sobrehumano.

Era como una obra maestra de arte que un gran artista pintaba en el aire, y solo mis oídos podían *ver* su grandeza.

Sentí qué mi cerebro se **<<derretía>>** como se derrite una vela de cera frente a un caliente horno quemando la leña. Y así, de esa forma, quedé boquiabierto con tanta belleza.

Por un segundo me sentí ridiculizado y torpe. Pero al siguiente instante pasé al asombro y simplemente **<<maravillado>>** lo acepté. Había luchado contra mí mismo por mucho tiempo, pero ese día logré reconocer una grandiosa y extraordinaria verdad... **Sí... ¡Dios sí existe!**

Lo que había pasado conmigo y con la música, me mostraba que Dios tenía el poder para interactuar, y cambiar el interior del ser humano.

Y que además...

—¡Él estaba dispuesto a hacerlo!

La idea de que el Padre Eterno existía y de que al mismo tiempo, Él estaba interesado en mí, formó una esperanza dentro de mí ser. Y de esta experiencia se desprende el segundo paso para salvar tu alma...

SEGUNDO PASO PARA SALVAR EL ALMA

El segundo paso para ser salvo es — **Tener Fe**. En este paso es necesario usar la fe para creer que Dios existe. De la misma forma, también puedes usar la fe para creer que Dios quiere hacer un cambio real y permanente en ti.

Estimado lector, ¿tú sabes que es la fe? Podríamos definir rápidamente como que la fe es un — no lo veo, pero lo creo. Así de fácil, sin necesidad de definiciones complicadas.

Para que tu alma sea salva, es sumamente necesario invocar la fe que hay dentro de ti. Las citas bíblicas que leerás a continuación me apoyan en lo que digo:

> *Hebreos 11:1. Tener **FE** es la plena*
> ***SEGURIDAD DE RECIBIR** lo que se espera;*
> *es estar convencidos de la realidad de cosas que*
> *no vemos.*

> *Hebreos 11:6. Pero no es posible agradar a Dios*
> *sin tener **FE**, porque **PARA ACERCARSE A***
> ***DIOS, UNO TIENE QUE CREER** que existe y*
> *que recompensa a los que le buscan.*

Así que ten fe y espera solo cosas buenas. Si tienes fe, todo buen deseo de tu corazón tiene una probabilidad de hacerse realidad. Al tener fe, existe una oportunidad. Sin fe, la posibilidad de que algo suceda es muy poca, porque la persona no espera recibir absolutamente nada. ¿Ahora puedes ver qué hay una gran diferencia? Si esperas algo grandioso como lo es experimentar la salvación de tu alma, entonces busca tener fe. Ten la ilusión y confianza de que experimentaras la salvación. De la misma manera, te pido que combatas los pensamientos negativos que dicen que Dios no existe, que tu vida nunca podrá cambiar, y que tú jamás experimentarás nada del Divino Padre. El tipo de pensamiento pesimista no te ayudara a alcanzar este objetivo. Adicionalmente, es necesario que sepas que esto no es un — *a lo mejor o un quizás* — puesto que no hay términos medios en el reino espiritual.

Con esto quiero decir que cuando Dios se manifieste en tu vida, tú bien lo sabrás. O recibes todo o no recibes nada, pero de parte de Dios nunca recibirás a medias. Y si a alguien le falta la fe, esta se puede obtener, según la Biblia, al <<escuchar>> la palabra de Dios. Así es como está escrito en el libro de Romanos, capítulo diez, en la línea diecisiete.

En mi opinión, yo sugiero que la manera más fácil para incrementar la fe, es escuchando los testimonios cristianos. Ya que estos cuentan los — *milagros y prodigios* — que Dios hace día tras día en la vida de innumerables personas. Y créeme que si buscas, hay mucha información que puedes obtener en todo tipo de medios de comunicación para que puedas oír la palabra de Dios. Por ejemplo, este libro, en su Edición Audible, tiene como uno de sus objetivos aumentar tú fe.

Especialmente a mí me gusta mucho escuchar testimonios cristianos en el sitio de internet de *www.youtube.com.mx*, ya que eso me ayuda a aumentar mi fe. Cuando escuches los testimonios y te des cuenta de que Cristo sigue sanando al desahuciado, ayudando a liberar al cautivo, y resucitando muertos, tú fe definitivamente… Crecerá.

Jesús mismo nos enseña que al que cree todo le es posible (San Marcos 9:23). ¡Sigamos su consejo!

BUSCANDO SANIDAD DIVINA

Dejé el grupo de rock pues su música ya no tenía nada de sentido para mí. Ahora yo estaba completamente entretenido con la idea de que Dios sí existía. A mis diecinueve años me dediqué a buscar a Cristo como nunca lo había hecho antes. *Verónica, Teresa, Javier,* y yo nos dispusimos a asistir a la iglesia todos los días de servicio y a seguir visitando el retiro. Para mí, esta oportunidad representaba buscar la satisfacción de mi curiosidad, ya que quería ver qué más podría ocurrir. Claro que esto también se convertía en la esperanza para curar los desmayos y los demás problemas que sufría mi prima *Teresa*. Con este propósito en mente, empezamos a asistir al retiro Monte Carmelo todos los fines de semana. Ni siquiera me imaginaba lo que estaba a punto de ocurrirme. No sabía que yo igualmente necesitaba ayuda con desesperación. No sé por qué motivo, aún no podía reconocer mi condición de un ser que estaba enfermo en pecado, y sentenciado a **<<muerte>>**. En vez, solo buscaba a Dios por una mera curiosidad. Todavía creía que mi manera de actuar y pensar estaba bien y que en mí no había nada que cambiar. Era incapaz de reconocer mi vanidad y mi mal comportamiento.

Me sentía un hombre auto-suficiente. Siempre creí que no necesitaba nada más, ni a nadie para lograr mis propósitos.

Sin embargo, yo sabía que en mi corazón había solo <<odio>> hacia el ser humano, pero no podía hacer nada para cambiar eso. Cuando estaba en la iglesia me causaba mucha confusión cada vez que escuchaba sermones acerca del amor hacia el prójimo. Por ejemplo, si alguien hablaba de lo que dice 1 Juan 2:11:

*1 Juan 2:11. Pero **EL QUE ODIA** a su hermano vive y anda en la oscuridad, y no sabe a dónde va, porque **LA OSCURIDAD LO HA DEJADO CIEGO.***

Después de escuchar una predicación así, pensaba dentro de mí:

— *Si yo pudiera quitarme el odio tan fácil como quitarme la camisa que traigo puesta, lo haría.*

— *Pero no puedo, el odio es parte de mí.*

Por lo tanto, ¿de qué habla esta gente en la iglesia? Me preguntaba irritado. Y no entendiendo acerca del concepto del amor, mi conocimiento estaba verdaderamente cegado a esta realidad.

Los mensajes de afecto y hermandad me hacían sentir que yo realmente no pertenecía al cuerpo de Cristo, aunque ahora asistía al templo todos los días que había servicio.

El odio interno que sentía hacía mis semejantes formaba una barrera que me separaba del santuario de Jesús. Hay muchos versos bíblicos que predican acerca del amor, pero en particular me incomodaba la cita en primera de Juan 3:14 cuando la leía, porque me mostraba cuan desafortunada era mi realidad interna.

> *1 Juan 3:14. Nosotros hemos pasado de la muerte a la vida, y lo sabemos porque amamos a nuestros hermanos.* **EL QUE NO AMA, AÚN ESTÁ MUERTO.**

PSICOLOGÍA DEL JOVEN DE 17-19

A esta edad de los diecinueve. Yo tenía un desproporcionado interés en mí mismo. Mi autoestima estaba volando más arriba del espacio sideral y no aceptaba ninguna crítica hacia mí. También mostraba una aguda desconsideración a los sentimientos y problemas ajenos.

CAPÍTULO 11

LA VERDADERA CONVERSIÓN

Los meses pasaron rápido, y nosotros seguíamos asistiendo al retiro todos los fines de semana, sin faltar ni a uno solo. Un viernes de tantos, nos preparábamos para ir al retiro como ya era nuestra rutina, pero mi carro se descompuso esa tarde del mismo viernes.

Llamé a *Javier*, para darle las malas noticias de que no podríamos manejar mi automóvil a Monte Carmelo, y le pedí que él llevara su vehículo en esta ocasión.

Él me dijo que su auto también se había descompuesto desde hacía un par de días atrás, y que por ese motivo, él tampoco contaba con un medio de transporte en ese momento. Lo tomé como una <<señal>> de que no fuéramos al retiro ese fin de semana. Pero *Javier* insistía en ir, y él siguió buscando entre los hermanos de la iglesia a alguien que nos pudiera hacer el favor de llevarnos a las montañas.

Para ese entonces, ya habíamos pasado todo un año buscando la **<<presencia>>** de Dios con ayuno y oración en el retiro, todos los fines de semana. En cierto sentido, en ese momento me encontraba cansado, pues no habíamos experimentado nada nuevo en Monte Carmelo. Específicamente en ese día, me preguntaba si yo debía de proseguir con esto o ya parar por completo. Igualmente pensaba en las muchas otras cosas que podría estar haciendo en otro lugar, en vez de gastar tanto tiempo en el retiro. Eran ya como las nueve de la noche de ese mismo viernes cuando yo reposaba en mi cuarto, y feliz con la idea de descansar de ir a ese lugar. Pero para sorpresa mía, *Javier* llegó a mi casa como a eso de las 9:20 p.m., en una mini-van Chevrolet pintada de un chillante color verde metálico, y acompañado por un conocido miembro de la iglesia. El hermano que manejaba el transporte se llama *Manuel*, y él estaba dispuesto a llevarnos en su carro a esas horas.

Todos nos subimos a la camioneta, y emprendiendo el viaje llegamos al lugar al pasar ya las once de la noche. Lamentablemente, el hermano *Manuel* no podía quedarse porque él tenía que trabajar el día sábado por la mañana, así que se regresó a la ciudad de Santa Ana tan pronto como nos dejó. Como no teníamos manera de volver a casa, el hermano *Manuel* fielmente acordó en regresar por nosotros el día domingo por la tarde.

Amaneció, y nos levantamos a las siete de la mañana para orar. Todo parecía normal, pero al pasar el mediodía, empezaron a ocurrir algunas cosas poco comunes. Mi prima *Teresa* comenzó a desmayarse. Mi hermana *Verónica* decía que ella sentía como si unos ojos la estuvieran observando todo el tiempo, y que se sentía vigilada e incómoda. Y yo, por mi parte, me sentía terriblemente frustrado, y consideraba que estaba perdiendo mi tiempo en ese lugar. Como a eso de las 2:00 de la tarde, llegó un grupo formado por trece hermanos de alguna iglesia, y ellos se reunieron con nosotros. Los nuevos hermanos empezaron a orar por mi prima, y a pedir por sanidad divina dentro de una de las casas del establecimiento. Los hermanos pastores, *David* y *Priscilla*, estaban en el retiro, pero no nos acompañaban en esa reunión de oración.

La hermana *Priscilla* había bautizado esa casa en donde nos encontrábamos reunidos con el nombre de *Lázaro*. En sí, los hermanos pastores habían bautizado cada una de las casas dentro del establecimiento con un nombre relacionado a algo bíblico. La casa principal o mayor, era la pastoral y la habían bautizado con el nombre de *Casa de David*. Nunca olvidaré ese fin de semana pues todo parecía que marchaba de mal en peor. Como a eso de las nueve con treinta p.m., de ese extremadamente lento día, yo me sentía bastante <<agobiado>>. Esa noche del sábado, sin luna a la vista en el cielo — *lucia especialmente oscura.*

En ese momento, aunque yo estaba en el mismo lugar donde el grupo oraba, preferí guardar unos pasos de distancia de ellos. Me hallaba callado y cabizbajo solo miraba hacía el piso. Realmente ya no quería estar allí, y un muy distinto tipo de pensamientos inundaban mi mente en aquel instante. Empecé a pensar que tal vez era mi culpa de que no hubiera una manifestación divina. Inclusive, hasta llegué a creer que quizás mi propia incredulidad y mi odio interno hacia el ser humano habían alejado a Dios de nosotros. O posiblemente, la razón por la que Dios no se manifestaba sería porque Él no me quería, pues yo era una mala persona. Y probablemente, ya que Dios me odiaba, Él no se acercaría al grupo de oración mientras yo formara parte de este. También llegué a considerar de nueva cuenta que realmente Dios no existía, y que todo lo que había pasado anteriormente conmigo en el retiro, había sido meramente una serie de coincidencias inusuales e inexplicables. Entonces me repetía en mi interior:

— *Si yo hubiera traído mi carro, ya estaría de camino a casa, ya no tengo nada que hacer aquí.*

Pero cuando todos estos inútiles pensamientos de un mal **<<perdedor>>** se divertían como traviesos chiquillos — saltando y brincando con total libertad dentro de mi atribulado intelecto — el grupo de oración comenzó a gritar con alegría, diciendo... *¡Aquí está el Señor!*

En ese mismo instante, unos hermanos rompieron en llanto. Otros comenzaron a hablar en idiomas extraños que yo no podía entender, y un par más de ellos vibraba como si estuvieran enfermos del Mal de Parkinson (*condición neurológica que hace que la persona tiemble incontrolablemente*).

Sorprendido por el cambio repentino de actitud del grupo, preferí mantener mi distancia. No obstante, ellos continuaron así alrededor de una hora más. Después de otra porción de tiempo, ya casi era la medianoche. Y a pesar de que el grupo llevaba varias horas orando, ellos se veían tan frescos como en la mañana. Los hermanos parecían estar llenos de gozo y alegría. Yo solo los veía y me daba envidia porque yo no sentía absolutamente nada más que solo cansancio e incredulidad, y todo esto sumado a una gran **<<apatía>>**.

Terco como una mula y enredado en mis aburridas reflexiones, continué pensando que efectivamente, ahora sí que estaba comprobado… Dios no me amaba. Pero pensaba que Él tenía toda la razón para no amarme, ya que yo realmente no era, ni había sido nunca en toda mi vida un hombre de buena voluntad. Y cuando todas estas fastidiosas ideas se repetían en mi interior como un palpitante eco de campana, de pronto, *Javier* (*quien había tomado la posición de líder del grupo de oración*) dijo, levantando la voz sobre todos:

128

—¿*Quién todavía no ha sentido la presencia de Dios?*

Yo tomé la pregunta como que esa era exactamente la oportunidad que estaba esperando. Así que inmediatamente levanté mi brazo derecho. Al momento, todo el grupo, como si este se hubiera puesto de acuerdo por anticipado, se tomó de manos y formó un círculo grande.

Luego me invitaron a que pasara al centro del aro. Con la vista todavía mirando hacía el piso, pasé al medio de la gran rueda, e instintivamente cerré mis ojos sin saber que podía esperar de todo esto. Acto seguido, el grupo comenzó a orar a grandes voces y con energía. Entonces, cuando apenas habían pasado unos quince minutos dentro de la oración, escuché una voz en un tono suave que me murmuró la siguiente frase al oído derecho:

—*Arrepiéntete de tus pecados y confiésalos.*

La voz se oía como la de un hombre joven, pero no pude identificar la voz con la de algún miembro del grupo. Por mera curiosidad, inmediatamente abrí los ojos para ver quién se me había acercado para decirme tal cosa, pero no vi a nadie tan cerca de mí.

Más bien, cuando abrí los ojos, me di cuenta de que todas las personas en el grupo se mantenían con sus ojos cerrados, y que seguían todavía tomados firmemente de las manos formando el gran círculo alrededor de mí.

Decidí cerrar mis ojos de nuevo. Pero cuando apenas habían pasado aproximadamente otros cinco minutos más en la oración, el raro fenómeno ocurrió por segunda ocasión...

De nuevo, escuché la misma voz, mas esta vez fue mucho más cerca de mí.

La persona que hablaba estaba tan próxima a mi oído que era como si los labios que pronunciaban las palabras casi rosaban mi lóbulo derecho (*parte inferior de la oreja*). Y el mensaje se repitió:

—*Arrepiéntete de tus pecados y confiésalos.*

Lo distinto fue que la voz ya no era suave, sino que esta hablaba con un tono peculiar que le daba mucha seriedad y firmeza. Otra vez, volví a abrir mis ojos inmediatamente para ver quién me decía tal cosa.

Sin embargo, la situación se repitió, no había ningún individuo tan cerca de mí como para hablarme con tal proximidad.

Cerré mis ojos por tercera ocasión sin saber qué hacer o qué pensar.

No obstante, lo que me estaba ocurriendo me había puesto excesivamente nervioso, pues ya tenía el presentimiento de que algo fuera de lo normal acontecía a mi alrededor. Pero el fenómeno se triplico, tan pronto había cerrado los ojos, la misma voz se presentó a mi oído.

Lo que fue diferente es que ahora la voz sonaba con un timbre de desesperación.

Y entonando un sonido de angustia y emergencia, la misteriosa voz me gritó a mi oído el mismo aviso:

— *¡Te digo que confieses todos tus pecados y que te arrepientas!*

Ya no pude contenerme...

Mis piernas flaquearon y caí de rodillas en el centro del círculo. Sentí que mi corazón se quebrantó como si este fuese una vasija de barro que había sido arrojada al piso con violencia. Después rompí a lloriquear como un niño pequeño, y comencé a gemir con gran clamor y lamento. Había tantas lágrimas en mis ojos que no podía ver bien, pues las mismas lágrimas inundaban completamente mi visión.

Y aunque me daba vergüenza decir mi multitud de fechorías ante las personas que me rodeaban, tuve que aguantarme la pena. Se había creado una atmosfera de urgencia en mi corazón, así que a viva voz empecé a confesar cada uno de mis pecados. Uno por uno, conté mis múltiples engaños, maldades, mentiras, robos, y otras perversidades que había cometido desde mi infancia. Le decía a Dios que me arrepentía de cada mala acción. Adicionalmente, le dije a Jesucristo que yo lo aceptaba como el Señor y Salvador de mi vida. Le dije a Cristo que yo ya no quería ser el mismo hombre de siempre, que me rendía ante Él, y que por favor me perdonara, y aceptara. Y de esta inolvidable experiencia se desprende el tercer paso para salvar tu alma...

TERCER PASO PARA SALVAR EL ALMA

El tercer paso es — **Arrepentirse**. Aquí se trata de que te arrepientas de todos tus pecados y de aceptar a Jesucristo como tú único Señor y Salvador. Pero cuando lo hagas, hazlo con todo tú corazón, con toda tú mente, y con todas tus fuerzas. Miremos lo que dice la siguiente escritura acerca de esto:

> *Romanos 10:9.* **SI CON TU BOCA** *reconoces a* **JESÚS** *como Señor,* **Y CON TU CORAZÓN** *crees que Dios lo resucitó,* **ALCANZARÁS LA SALVACIÓN**.

Desde que Dios no puede ser engañado, pues Él conoce la auténtica intención de tú corazón, es necesario mostrar un arrepentimiento <<real>>.

Eso quiere decir que si te arrepientes verdaderamente ya no cometerás los pecados de los cuales te arrepentiste. El arrepentimiento tiene que ser — *personal y legítimo* — para que esto funcione. La Biblia comprueba lo que digo y esto se puede leer en el libro de Proverbios como sigue:

> *Proverbios 28:13. Al que* **DISIMULA** *el pecado, no le irá bien, pero el que* **LO CONFIESA Y LO DEJA, SERÁ PERDONADO.**

Es necesario que entiendas que si aceptas a Jesucristo como tú Señor y Salvador, pero no lo haces de corazón, te engañas a ti mismo. Y podrás engañar a la persona que esté a tu lado, pero nunca jamás engañarás a Dios. Así que honestamente arrepiéntete de tus pecados y haz una verdadera confesión de tus malas acciones. Ciertamente, haz este paso con toda tu determinación. Y si eres de esas personas que dicen que no tienen que hacer esto porque ya eres justo y bueno, por favor lee lo que muestra la siguiente escritura:

> *Romanos 3:23. Pues* **TODOS HAN PECADO** *y están lejos de la presencia salvadora de Dios.*

Estimado lector, no te engañes más. Reconoce tu necesidad. Toma una decisión hoy y efectúa el tercer pasó <<pronto>>.

No tienes que pagar nada para ser salvo. Tampoco hay <<ritos>> costosos, ni ceremonias elaboradas para llegar a Dios. Este paso es fácil, y está tan cerca de ti como en tu propia boca y en tu mismo corazón. Si no tienes idea cómo hacerlo, puedes seguir esta sencilla oración:

—*Señor Jesucristo, yo me arrepiento de mis maldades, por favor ven a mi vida y llena el vacío que hay en mi corazón con tu presencia. Desde el día de hoy, yo te acepto como mi Señor y como el único y suficiente Salvador de mi alma.*

—*De ahora en adelante voy a orar, ayunar, leer la Biblia, y a congregarme con hermanos que realmente busquen tu presencia en espíritu y en verdad.*

—*Dios Padre, que tu voluntad se cumpla en mí. Ya no quiero vivir mi vida como yo quiero, ahora quiero vivir mi vida como tú quieres que yo la viva. Por favor guíame con tu Espíritu Santo. También te pido que escribas mi nombre en el Libro de la Vida. Amen.*

De acuerdo a la Biblia, la manera más específica de cómo cualquier ser humano puede establecer una conexión con Dios, no es a través de la ciencia o de algún otro método secreto, sino que es directamente a través de Cristo. Por tal motivo, se escribió lo siguiente:

Juan 14:6. Jesús le contesto: Yo soy el camino, la verdad y la vida. **SOLAMENTE POR MÍ SE PUEDE LLEGAR AL PADRE.**

CAPÍTULO

12

EL DÍA DEL FIN DEL MUNDO

¿Por qué la mayoría de la gente se empeña en esperar el día del fin del mundo como un evento colectivo? Existe más probabilidad de que la muerte le llegue a una persona por separado, a que la destrucción le llegue a toda la humanidad al mismo tiempo. Digo esto porque para mí — *el día del fin del mundo* — llegó cuando solo tenía veinte años. Ya que a esa edad morí…

Ahora era domingo, ya de madrugada. Todavía estaba en el retiro y aún me encontraba en el centro del círculo que el grupo de oración había hecho para orar por mí. También seguía de rodillas llorando. Pero las sorpresas apenas habían comenzado… En un preciso momento, los ojos espirituales de *Javier* se abrieron por un instante, y él había podido ver que sucedía algo <<anormal>> en mí.

Javier había visto que una cabeza había salido de mí propia cabeza y que esa *nueva cabeza* mostraba un rostro humanoide… Aunque, no parecía ser humano del todo (?).

Sino que el rostro parecía ser el de un animal o para ser más exacto, el de un insecto gigante (?). Lo cierto es que *Javier* inmediatamente reconoció que había un espíritu maligno dentro de mí. Amigo lector, yo estaba **<<endemoniado>>** y yo no lo sabía, pues jamás había aceptado mis experiencias espirituales como experiencias de la vida real. Esto, por una parte, debido a la culpa de mí exagerada incredulidad y, por otra parte, debido a mi gran ignorancia del mundo espiritual. Me parece que lo que ocurrió es que el ser que estaba dentro de mí se puso nervioso. El demonio — *perturbado y asustado por la presencia de Dios en ese lugar* — había asomado la cabeza fuera de mí como tratando de ver mejor que era lo que estaba pasando afuera de su escondite y refugio. *Javier*, después de reconocer que yo estaba poseído, entró dentro del círculo y puso sus manos sobre mi cabeza para reprender al ser demoniaco. Por muy increíble que le parezca al lector, al mismo instante que *Javier* asentó sus manos sobre la parte superior de mi cabeza (*región cima*), me surgió una incontrolable serie de movimientos espasmódicos en todo mi cuerpo. ¡Comencé a temblar y no me podía controlar!

Sin tener una pista de qué era lo que sucedía, pensé que algo malo ya le había ocurrido a mi sistema nervioso. Supuse que en esta ocasión, yo no había soportado el **<<trauma>>** de escuchar las voces a mi oído, y que finalmente estaba sufriendo un tipo de ataque nervioso.

En un intento por retomar la compostura, avanzando lentamente de rodillas me acerqué hacía una pared para tomarme de ella, y poder controlarme. Pero mis esfuerzos fueron inútiles. Tomarme de la pared no remedió mi situación. Traté de usar la razón, pero nada cooperaba. En ese momento mi circunstancia era bastante frágil, ridícula e intolerable. Yo seguía llorando como un bebe y ahora todo mi cuerpo se convulsionaba sin control. Y por si eso fuera poco, a esas altas horas de la noche comenzó a caer una tormenta eléctrica en los alrededores de la montaña donde nos encontrábamos. No tardó mucho cuando el exterior de afuera de la casa comenzó a ser abatido por **<<ensordecedores>>** truenos y relámpagos. Al pasar apenas unos minutos más, a la tormenta eléctrica se le unió una fuertísima lluvia con viento. El feroz viento de la tempestad — *inexplicablemente enojado* —pegaba fuertemente contra la casa, haciéndola temblar.

Algo más que también me sobresaltó en ese momento fue que las ventanas de la casa y las puertas empezaron a ser golpeadas, y en el tejado de la casa se escuchaban garrotazos (?).

Era como si violentas personas estuvieran afuera, azotando por todos lados y rincones, la frágil casa pre-fabricada hecha de tan solo madera y cartón. Para colmo de males, y para completar la escena, cuando todo esto sucedía, yo levantaba mi vista solo para ver a *Javier* gritándome a la cara (!).

Javier me gritaba como si yo estuviera tan distante como a una cuadra de lejos. Sus fuertes gritos me reprendían y con dramáticas palabras él se dirigía hacia mí, diciendo:

— *¡Fuera de él! ¡Demonio, tú no tienes parte dentro de la vida de este hombre! ¡Este varón le pertenece a Cristo!*

Jamás olvidaría aquella escena. Me encontraba perplejo. Todo parecía una locura. Nada tenía sentido. ¿Estaba alucinando? ¿Se trataba de un sueño? ¿Qué sucedía? Entonces, solo me preguntaba:

— *¿Javier me grita a mí?*

— *¿Por qué?*

Verdaderamente no entendía nada, ni en lo más mínimo. Era como si estuviera viviendo una escena sacada de una película de horror, y el problema es que yo era el sujeto que estaba sufriendo la peor parte. Pero la noche aún era joven, no había terminado. Esto tan solo había sido el principio, ya que se iba a poner mucho peor para mí...

La tensión en el ambiente podía palparse. Había gente que seguía firme con sus ojos cerrados y orando. Pero también había otros que ya solo miraban espantados a su alrededor, y creo que no sabían si quedarse o salir corriendo del lugar. Algunas personas a mí alrededor se veían sumamente nerviosas. Vi a un par de ellos sudar frío, pues pude ver gotas de sudor correr en la frente y en las sienes de uno que otro individuo.

Para entonces, yo seguía hincado, llorando y temblando. Ni siquiera había tenido un mínimo de éxito al tratar de ponerme de pie una que otra vez.

Mientras tanto, entre grandes descargas eléctricas, la tormenta continuaba implacable, iluminando los grandes ventanales de la casa con numerosos y espectaculares relámpagos. El sonido estrepitoso de cada trueno hacía temblar el piso, haciéndonos saber que la tormenta se hallaba exactamente arriba de nosotros. Para eso ya eran como las dos de la madrugada del día domingo, pero las sorpresas aún no habían terminado.

De improviso, y en una acción totalmente irracional para mí, no importando la tempestad que ocurría afuera, *Javier* procedió a abrir la puerta principal de entrada de la casa dejándola abierta de par en par. Después, en un tono grave y con autoridad, *Javier*, quien todavía continuaba gritándome a la cara, se expresó de la siguiente manera:

— *¡Demonio! ¡Cristo ha dicho que salgas en este preciso segundo!*

A continuación, *Javier* gritó solemne y vibrante una prolongada palabra... **¡AHORA!**

Y cuando él gritó esta palabra, sentí que una poderosa ráfaga de viento surgió de mi pecho, para luego salir impetuosamente por la puerta principal de la casa que el mismo *Javier* había abierto.

Tan pronto como esa ráfaga de viento salió de mí y de la casa, *Javier*, perfectamente al tanto de lo que acababa de acontecer, inmediatamente cerró la puerta azotándola de un solo jalón.

Al parecer, el demonio que estaba dentro de mí finalmente se había marchado. Cuando esa — *entidad infernal* — dejó mi cuerpo, sentí que me habían arrancado literalmente el corazón. El dolor era brutal y velozmente levanté mi camisa, ya que pensé que vería un hoyo en mi pecho. Cuando me examiné, al menos todo se veía normal sobre mi piel superficial. Entonces tuve la idea de que mi corazón había explotado por tantas impresiones, y creí que ya estaba viviendo mis últimos segundos de vida en el planeta.

Confieso que creer que mi corazón había explotado había sido una suposición absurda de mi parte. Pero no estaba tan equivocado en cuanto a que me quedaba muy poco tiempo de vida, pues lo que estaba a punto de ocurrirme me sorprendería de nuevo. El increíble dolor en mi pecho no paraba y debido a esto me retorcía de sufrimiento en el piso. El dolor era tan atroz e insoportable que busqué salir de la casa rápidamente para pedir ayuda, y llamar a una ambulancia a esas horas de la madrugada. Así que como pude, finalmente logré ponerme de pie. Y tambaleándome como un mareado borracho después de una noche de copas, me abalancé hacia la puerta para escapar de allí, cuando de pronto, recibí un <<golpe>> seco en el pecho...

El impacto fue tan fuerte y tan repentino que caí al suelo como lo hace un árbol acabado de cortar, y caí de espaldas, boca arriba.

Allí, tendido en el piso, volteaba mi cabeza hacia todos los lados, y con mis ojos bien abiertos, miraba alrededor para ver quién me había golpeado.

Mi susto inicial se convirtió en **<<terror>>** cuando comprendí que ningún ser humano me había tocado —*y yo lo sabía*— desde que no había visto a nadie golpearme. Tirado en el piso, hice un nuevo intento y traté de pararme para salir corriendo de la casa y pedir ayuda — *pero algo* — me lo impidió. En ese momento, los ojos espirituales de *Javier* se abrieron de nuevo, y él pudo ver con mayor claridad al demonio que me acosaba. *Javier* dijo que esa criatura era como un tipo de arácnido gigante. Él me contó que este ser demoniaco me sobrepasaba en estatura y que mi 1.73 metros de altura quedaba empequeñecido frente a la criatura. El ser tenía una **<<coraza>>** que se veía extremadamente dura y de un color negro pulido brillante. La bestia también poseía cola, aguijón y seis patas, y cada una de sus patas terminaba en tenazas. Con sus patas traseras se erguía en forma vertical, y su altura llegaba al techo interno de la casa que medía un poco más de 2.4 metros de alto.

Por los datos proporcionados, ahora sé que el demonio del odio tiene la forma de un *escorpión* o el de algún tipo de arácnido desconocido.

De igual manera, también sé que ese ser repugnante se abraza del corazón del hombre haciendo uso de sus numerosos miembros y tenazas. Y con el aguijón de su cola infecta al corazón humano con el veneno de la venganza y del odio. La coraza del demonio de odio está especialmente <<endurecida>> y está reforzada de esa manera para nunca dejar que el amor pase a través de ella.

El mismo espíritu maligno que había sido echado fuera de mí hacía tan solo unos minutos atrás, ahora estaba de regreso para cometer su cruel venganza. Yo no veía a nadie atacándome. Sin embargo, cuando intenté pararme no pude, pues usando sus múltiples extremidades, esa criatura diabólica me había tomado de las manos y de los pies. Mi temor se incrementó al doble pues yo había quedado completamente paralizado e indefenso.

Después de que me inmovilizó, el demonio empezó a golpearme en el pecho. El enorme — *escorpión infernal* — estrellaba su pesado caparazón contra mí, y lo hacía una y otra vez con gran furia, tratando de entrar a mi cuerpo con la finalidad de tomarme de nuevo en posesión. Sus golpes eran tan fuertes que sentía que la vida se escapaba de mí cuerpo, así como el humo escurre entre los dedos. Y en uno de tantos impactos, finalmente terminé perdiendo la conciencia. Pero eso no termino mi sufrimiento. La pesadilla tan solo continuaba...

CAMINO AL INFIERNO

Cuando abrí mis ojos ya no me encontraba en la casa de *Lázaro*. Tampoco estaba ya junto al grupo de oración. De igual manera, ya no tenía a ningún demonio golpeándome en el pecho —*para mi buena fortuna*. Pero para mí mala suerte y para continuar con las sorpresas, tampoco estaba en el piso de espaldas y bocarriba mirando hacia el techo interior de la casa. Sino que ahora estaba boca abajo, encarando completamente de frente a lo que parecía ser — un macabro y oscuro pozo abismal. Era un siniestro túnel al que no se le veía fondo. El agujero estaba formado por una <<fúnebre>> oscuridad que parecía absorber toda luz. La boca del profundo pozo tenía una circunferencia como de unos treinta metros de diámetro, y yo me hallaba solo, y sobrevolando su entrada, como si estuviera levitando sobre él.

Luché por tranquilizarme. Ahora más que nunca tenía que usar la lógica. Intentaba una y otra vez racionalizar lo ocurrido, pero era imposible — había sido dominado por el pánico y la confusión. Me tomó tiempo saber qué estaba pasando, y no lo podía creer, como era mi costumbre. En ese momento tuve los siguientes pensamientos…

—Pero si hace tan solo un instante estaba llorando dentro de una casa…

—¿Qué paso?

—¿En dónde estoy ahora?

—¿Sera acaso qué…? ¡No, no puede ser…!

—¿Morí?

Y tristemente la cruel realidad ya empezaba a tomar forma. Un cambio que noté en mí fue que mi cuerpo ya no temblaba frenéticamente. Tampoco lloraba más. Mi rostro, mis ojos, y camisa estaban **<<secos>>** de lágrimas. De igual manera, pude darme cuenta de que yo estaba completamente al tanto de mis sentidos. Podía pensar, respirar, sentir, ver y escuchar. Es interesante añadir que una vez que el espíritu humano deja su cuerpo físico, es difícil distinguir la frontera entre lo que es el cuerpo material, y lo que es el cuerpo espiritual. En sí, la diferencia es — *realmente mínima.*

En el pasaje bíblico en la segunda carta a los Corintios capítulo doce, el Apóstol Pablo hace un relato de una separación entre — el cuerpo espiritual y el cuerpo físico — que él mismo experimentó. Y nos dice que cuando él fue llevado al cielo, ni el mismo supo distinguir en ese momento si él había sido llevado a esa otra dimensión en su cuerpo espiritual o en su cuerpo material. Así que, igualmente, yo tenía todas mis facultades, capacidades cognitivas, sensoriales, y locomotoras (*la capacidad intelectual, perceptiva* y *la movilidad del cuerpo*).

Pero lo que no podía hacer era salir corriendo de allí, ya que estaba atrapado como levitando en el aire. Por más que luchaba y pataleaba, no me movía ni un centímetro del centro de ese inmenso negro túnel que parecía dirigirse directamente hacia el mismo centro de la Tierra. Me sentí desamparado e inútil. ¿Y ahora a quién podía pedirle ayuda?

En la **<<sombra>>** de los recuerdos de mi mente, pensaba que yo pude haber sido una mejor persona —*un mejor hijo, hermano y amigo.* Las memorias de mi vida pasada me atormentaban. ¿Pero ahora qué podía hacer? Estaba donde estaba, las cosas eran como eran, y no como yo quería que fueran. Empecé a resignarme a mi tragedia. Me sentí impotente y derrotado. Entendí que aunque en vida siempre me había creído una persona autosuficiente, yo tan solo era un debilucho ser humano, sin fuerza, y sin ningún poder especial.

Y lo que era peor aún — ahora no tenía ni siquiera esperanza de ser alguien mejor o de cambiar alguna cosa. Me tomó un poco de tiempo darme cuenta en dónde estaba, pues pensaba que todo era un sueño o mejor dicho, toda una pesadilla. Sin embargo, esta terrible *ensoñación inadaptada* (*soñar despierto*) todavía no terminaba, ya que lentamente empecé a hundirme en el pozo. Poco a poco, mi cuerpo fue descendiendo hacia el fondo del silencioso, sombrío, y muy tenebroso pozo abismal…

De pronto, lejano, apenas perceptible bajo el silencio y bañado por una <<oscuridad>> absoluta — empecé a escuchar ruidos. Inquietamente, presté más atención y dejé de moverme. Mi ya existente angustia pasó a convertirse en un terror desquiciante, debido a que…

¡Comencé a escuchar que de abajo del túnel surgían gritos de mucha gente! Parecía haber miles de personas allá abajo en el fondo del pozo. Las voces así lo indicaban. Los alaridos eran tan horrendos que se escuchaba como si las personas que gritaban estaban siendo partidas en dos con un rústico serrucho de mano, hecho para cortar madera. Cuanto más descendía, el ruido del lamento aumentaba. Los gritos eran cada vez más y más fuertes. Empecé a moverme con bruscos y frenéticos movimientos de manos y pies. Quise huir de mi destino. Quería salir corriendo de allí. Ya deseaba despertar de aquella pesadilla. Me pellizqué, me arañé, me mordí las manos y mis antebrazos, pero todo lo que hacía era inútil. Nada me despertaba de esta horrible realidad, y estuve allí bajando dentro del túnel de ese gran pozo por lo que pareció — toda una eternidad. Y permanecí en el agujero el tiempo suficiente para que pudiera entender que nada de aquello — *era un sueño o el fruto de una vivida imaginación.* Además, para que me diera cuenta de que por triste e increíble que me pareciera, ya no me encontraba en el mundo de los vivos.

Mas todavía no llegaba al fondo de este pasaje subterráneo, sino que permanecía colgado en el **<<suspenso>>** y descendiendo con gran lentitud.

Pero, ¿por qué había gritos de humanos en ese lugar? ¿Qué tipo de tragedia sucedía allá abajo? Todas eran preguntas válidas, mas no quería encontrar las respuestas en persona.

Cuando pasó el tiempo y pude calmarme un poco, empecé a recordar que yo había aceptado a Cristo cuando aún estaba con vida en el mundo. Y haber efectuado ese acto de fe momentos atrás en la casa de *Lázaro*, fue lo que prendió una chispa de esperanza dentro de mí. Ya que yo sabía que esta vez <<sí>> había aceptado a Jesucristo con todo mi corazón, y con un verdadero arrepentimiento.

Y mientras permanecía sobrevolando la boca del infierno y sin saber siquiera si alguien me escucharía, de todas maneras empecé a gritar, a dar voces y a decir:

— *¡Yo no pertenezco a este lugar!*
— *¡Yo soy de Cristo!*
— *¡Cuando estaba en la Tierra me arrepentí!*

Aunque no había respuesta inmediata. Aun así, repetí los mismos gritos por un largo tiempo. Mientras tanto, los alaridos que escuchaba procedentes del fondo del túnel continuaban enviando escalofríos por todo lo largo de mi columna vertebral, y poniéndome los pelos de punta.

CAPÍTULO 13

UN NUEVO LUGAR

Todavía me hallaba dentro del túnel al infierno, cuando súbitamente fui trasladado a otro mundo, encontrándome inmediatamente en otro lugar. En el cuerpo espiritual viajar de una zona a otra es extremadamente rápido. Es tan fugaz como un abrir y cerrar de ojos, ya que el cuerpo espiritual no está sometido a las leyes físicas que comúnmente conocemos. Ahora me encontraba en un lugar infinitamente mejor, me hallaba entre las nubes y estaba libre. Ya podía moverme y caminar. ¡Así que empecé a brincar de alegría! Mi memoria, momentáneamente **<<eclipsada>>** por el súbito cambio de dimensiones, volvió a tomar consciencia de mi nuevo estado de vida. Y de alguna manera, supe que ya no prevalecía la naturaleza que conocía del tiempo y del espacio. Ahora me hallaba en el —*no tiempo* — *y en el cielo.* Pero, ¿cómo es el cielo? Le describiré enseguida…

No vi el cielo coloreado de ningún otro matiz, sino de su color habitual, un intenso azul celeste. Las nubes tampoco acusaban una gama distinta más que su tonalidad normal, un blanco que brillaba con el reflejo de la luz. Lo que si era diferente es que ahora podía caminar sobre las nubes. Al principio, el reino espiritual parecía ser idéntico al mundo material. Pero de alguna manera sabía y me daba cuenta de que ya no estaba en el mundo físico terrenal que conocía. Era excepcionalmente hermoso estar allí. La **<<tranquilidad>>** y la paz empapaban cada rincón de la atmosfera. Estaba fascinado, pero me contuve un poco. Al pasar un rato tomé más confianza, tuve curiosidad, así que empecé a caminar sobre las nubes. Aspiré profundamente y me bebí la humedad y la frescura de las nubes. El breve paseo me proporcionó una visión espectacular de la tierra nueva que se podía divisar debajo del cielo. Busqué el sol, pero nunca le hallé. Empero, todo estaba enteramente alumbrado, como si estuviera bajo la plena luz de un cálido y soleado mediodía.

Algo que de igual manera me asombró es que el aire en el cielo no es ni frio ni caliente, sino que este se ajusta a la temperatura del cuerpo de la persona, o sea que viene siendo un aire perfecto para cada individuo. También noté que el mismo aire parecía que acariciaba mi cara, pues sentía como si unas delicadas manos pasaban por mi rostro cuando el viento soplaba hacía mí.

Mientras tanto, yo seguía caminando por las nubes y mirando alrededor con asombro diciendo para mí:

— *¡Guau!*

— *¡Morí!*

— *¡Qué bien!*

Y en eso estaba, cuando justo en frente de mí y como a una distancia de cien metros de lejos, pude distinguir la silueta de lo que parecía ser un ser humano. Me detuve para observar atentamente. La aparición caminaba hacia mí a un paso moderado. Cuando la figura se acercó más, pude ver que era un personaje de considerable estatura, que estaba vestido con un largo manto y que se abría fácilmente paso entre las nubes.

¡Cuán grande fue mi sobresalto al ver quien era...!

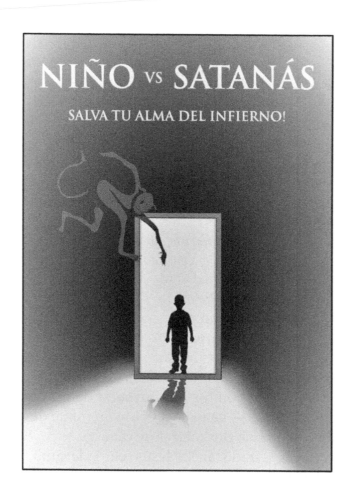

¡Era Cristo!

Pero si el lector cree que me causó regocijo el verlo, mi estimado lector se equivoca, pues yo inmediatamente pensé:

— *¡Oh, no!*

— *¡He sido traído aquí solo para ser juzgado!*

— *¡Él me va a condenar por todas las fechorías que hice en el mundo!*

— *¡Me va a regresar al pozo del Infierno!*

Y mi sensación de júbilo de estar en el cielo no duró por mucho, ya que toda mi felicidad se convirtió en terror. Empecé a temblar de miedo. Cuanto más se me acercaba Jesucristo, más temblaba del pánico. En ese momento tenía en mi mente las siguientes frases:

— *¡Por favor detente, no vengas a mí!*

— *¡Yo no puedo venir a ti, tengo muchas cosas que arreglar en mi vida!*

— *¡No estoy listo!*

— *¡Ten misericordia!*

— *¡Todavía no es mi tiempo!*

Y mientras todas estas tormentosas reflexiones saltaban fuera de mi cabeza al mismo tiempo — así como ratas huyendo de un barco que se hunde — ya tenía a Cristo en frente de mí como a tan solo dos metros de camino.

A esa distancia Jesús paró, levantó su brazo izquierdo y con su mano izquierda apuntó su dedo índice hacía mí. Sentí desfallecer. Solo esperaba lo peor. Una condenación eterna estaba garantizada y dada por hecho.

El día de mi juicio había llegado, y ahora me hallaba tan solo esperando el veredicto y la sentencia. Mi corazón estaba en mi garganta. Apreté los dientes. No pude respirar. Abrí mis ojos lo más grande que pude.

Y con un nudo en el estómago, me dije a mí mismo:

—*Disfruta estos últimos segundos en el cielo, ya que serán tus últimos.*

—*De seguro que bajaré al infierno como un relámpago, tal y como le sucedió a Satanás (véase en San Lucas 10:18).*

Todos estos tipos de planteamientos y proposiciones circulaban dentro de mí, cuando tras un prolongado silencio, Jesucristo pronunció las siguientes palabras…

— Tú eres uno más de mi pueblo…

Sus <<siete>> palabras pronunciadas en un tono sincero y sin reproche, causaron el gozo más grande de mi existencia. Sentí que recuperé la vida en ese instante y el alivio me ayudó a respirar de nuevo.

Después, Él me extendió sus brazos. Yo acepté su invitación y con alegría caminé hacía Él. Recosté mi cabeza en Cristo y apoyado en su pecho, me sentía como un bebé. Sentía que acababa de nacer y que estaba en los brazos de mi progenitor.

Y pude sentir la buena voluntad y la ternura infinita que solo pueden emanar de un ser lleno de *compasión*. Y allí… Escuchando el latido de su corazón, pude sentir el **<<amor>>** de Jesucristo. Su amor… Como una fuerza invisible que no pude ver sino solo sentir — *es como una energía* — y esa energía era tan grande que llenaba cada parte de mi ser. Y cuando mi cuerpo no pudo contener esa energía tan grande, sentí que ese amor atravesaba cada poro de mi como si este fuese radiación.

Logré sentir literalmente que ese amor tenía una potencia tan grandiosa, que al atravesarme como en forma de radiación, este se extendía y se disipaba hacía el infinito Universo que se hallaba a mis espaldas.

¡Ah, que amor tan lleno de poder! Cuan maravilloso, admirable, incomparable, y majestuoso. Así sin límites, es el amor de Dios.

Me parece que experimenté lo mismo que el Apóstol Pablo cuando él fue llevado al cielo hace dos mil años atrás. Todavía me refiero a la experiencia que el mismo San Pablo platica en la segunda carta a los Corintios, en el capítulo doce. Pues el hermano Pablo de igual manera nos habla de ese <<poderoso>> amor de Dios, y el también intenta describirlo compartiéndonos las siguientes palabras:

*Romanos 8:38-39. **ESTOY CONVENCIDO** de que nada podrá separarnos del amor de Dios: ni la muerte, ni la vida, ni los ángeles, ni los poderes y fuerzas espirituales, ni lo presente, ni lo futuro, ni lo más alto, ni lo más profundo, ni ninguna otra de las cosas creadas por Dios. ¡**NADA PODRÁ SEPARARNOS DEL AMOR** que Dios nos ha mostrado en Cristo Jesús nuestro Señor!*

Estimados familiares, hermanos en la fe, amigos y lectores… ¿Acaso no es Dios hermoso y generoso? ¡Miren cuanto Él nos ama!

Pero hablando de su hermosura, tal vez te preguntarás, ¿cómo es Jesucristo?

Muy bien, le describiré enseguida…

Cristo es alto, como de unos 1.95 metros de estatura. Su piel es blanca. También noté que su cuerpo es de una complexión mediana.

Su cabello es del color del oro de veinticuatro quilates. Si tú tienes oro frente a ti pregunta si es de 24 quilates. Si es así, pues estás viendo el color del cabello de Jesús — *el redentor de las almas*. Él se peina dividiendo su cabello por la raya del medio. Su cabello es lacio y largo, y el prolongado de su cabello hace una pequeña curvatura cuando este choca contra sus hombros y espalda.

Su majestad en ese momento fue sencilla pero imponente, pues Él no ostentaba joyas, ni anillos, ni coronas. Él tampoco portaba títulos, ni espadas, ni escudos, ni escoltas. Él caminaba solo y cubierto con un simple y sencillo manto. Y ni siquiera su manto tenía decoraciones, ni bordados sofisticados de realeza alguna. Su túnica blanca y lisa, lucia sin costuras, cintos, emblemas o símbolos. Su manto era largo, pero este no llegaba a cubrir sus manos y pies.

Jesucristo caminaba felizmente descalzo por las nubes.

Yo toqué sus manos, y cuando me recargué en su pecho, recuerdo que fascinado contemplaba su cara. No obstante, no puedo recordar su rostro — no sé por qué — así que no lo puedo describir en esta corta recopilación de memorias.

Es importante que añada que si en la Tierra tienes que cuidar tus pensamientos — *también lo tienes que hacer en el Cielo.* Yo cometí un error de pensamiento en el cielo, y un ser invisible no tardó ni siquiera un segundo para corregirme. Y desde que no quiero que esto quedé como un <<misterio>> contaré lo que paso… Mientras yo descansaba en el pecho de Jesucristo, y fascinado contemplaba su rostro, yo pensaba:

— *Yo no quiero a este hombre. Más bien…*

— *¡Yo amo a este hombre!*

Pero un **<<residuo>>** dentro del subconsciente de mi antigua naturaleza humana me traicionó. De repente en mi mente hubo duda. Debido a esto, recapacité sobre mí pensamiento anterior. Así que pensé por segunda vez tratando de corregir:

— *Un momento… Si yo estoy enamorado de este hombre… ¿Soy un homosexual?*

Entonces, inmediatamente tuve este otro pensamiento:

— *¡Oh, no! ¡Dios mío, por favor que no se me añada que me gusten los hombres a la gran lista de cosas que ya de por si tengo que arreglar en mi persona!*

Y tan solo había pasado una fracción de segundo de este último pensamiento, cuando un ser invisible me corrigió. Una voz audible se pronunció a mi oído derecho, con un pequeño grito de reproche:

— *¡No!*

— *¡Este amor es puro, sin mancha ni arruga!*

Después de eso, ya con el permiso de la voz sin cuerpo, maravillado, <<adoraba>> a Jesucristo no tan solo con mi mirada sino ahora también con todo mi corazón.

En ese momento no pude ver quién me había dicho tal cosa. Más meses después y en otra experiencia que tuve, me di cuenta que el Espíritu Santo tiene el poder para hablar y para corregir al ser humano. Y él lo puede hacer — incluso con voz audible — si él así lo cree conveniente.

Por desgracia, no me quedé en el cielo con Cristo. Así como había llegado al cielo repentinamente, también fui transportado de regreso a mi cuerpo físico en un abrir y cerrar de ojos.

Mi cuerpo de gloria y de victoria sobre la muerte se convirtió otra vez en un cuerpo de llanto, lloro, y lamento. Y de nueva cuenta, me encontraba en la casa de *Lázaro* junto con *Verónica, Teresa, Javier* y mis otros hermanos en la fe.

Cuando abrí mis ojos, yo continuaba tirado en el piso bocarriba, y mirando hacia el techo interior de la casa que era de un insípido color crema claro.

Pero al menos, el gigantesco escorpión infernal que me acosaba y maltrataba, ya se había marchado.

Finalmente, pude ponerme de pie sin recibir más golpes. Pero tan pronto me hallé de pie, *Javier* me ordenó que leyera la Biblia.

Me negué rotundamente.

Pues, además de que no tenía ni el más mínimo deseo de leer, tampoco me sentía de ninguna manera <<capacitado>> para leer absolutamente nada. Yo seguía llorando a mares, y mi cuerpo completo seguía temblando de pies a cabeza.

Todavía no conseguía aclarar que era todo esto que pasaba. Mi ruina física era total. Y continué llorando y temblando por tres días consecutivos.

El dolor en mi corazón fue tan grande que me duró tres largos meses la dolencia en el pecho (cuento esto para que el lector se pueda imaginar la delicada y difícil situación en la que me hallaba en ese momento).

Para ese entonces ya eran como las tres y media de la madrugada del mismo día domingo, y aunque acababa de haber tenido una revelación divina de Jesucristo, del Cielo, y del túnel que conduce al Infierno — *yo no descansaba en un lecho de rosas*. Todo era confusión, dolor, angustia y sufrimiento para mí. Sin importar eso, *Javier* insistía fuertemente para que yo leyera (pues él estaba siendo dirigido por el Espíritu Santo). Por lo tanto, me sostuvo las manos y me puso la Biblia en ambas palmas. Entonces, *Javier* me dijo con urgencia:

— *¡Tienes que leer!*
— *¡No quedaras completamente libre si no lees ahora!*
— *¡De veras tienes que hacerlo!*

Me costó muchísimo trabajo simplemente sujetar el sagrado libro, ya que mi par de manos vibraban locamente.

Sentía mis ojos hinchados de tanto llorar y mi visión seguía llena de lágrimas, y si apenas podía ver la figura de *Javier* frente a mí... ¿Cómo quería el que yo leyera las diminutas letras del libro bíblico?

Pero lo intenté. Y cuando abrí la Biblia, las hojas del libro se pasaron *solas* de un lugar a otro, para detenerse finalmente en el libro de Salmos capítulos cincuenta y cinco, y al cincuenta y siete. Estos Salmos resaltaban sobre las demás escrituras como si fuesen alumbrados por una tenue luz, y enfoqué mis esfuerzos por tratar de leer estas escrituras en particular. Mi asombro fue que cuando empecé a leer estos manuscritos, sentía que me daban una fuerza <<especial>> dentro de mí. Estos viejos escritos que tenían miles de años de antigüedad, por más increíble que pareciese — *narraban mi experiencia de vida y muerte* — que acababa de pasar hace tan solo unos minutos atrás. Al menos así yo lo entendía, ya que la escritura relataba <<específicamente>> mi sufrimiento y mi angustia de esa noche. La Biblia me consolaba, pues yo sentía que Dios mismo me estaba hablando mediante esta sagrada escritura.

En las siguientes páginas escribo parte de estos Salmos, y resaltaré las palabras y versículos en donde entendía que hablaban de mi particular situación.

1: Dios mío, **escucha mi oración**; no desatiendas mi súplica.

2-3: **Hazme caso**, contéstame; **en mi angustia te invoco**. Me hace **temblar** la voz del enemigo y los gritos de los malvados. Me han cargado de aflicciones; **me atacan rabiosamente**.

4: El **corazón** me **salta en el pecho**; el **terror de la muerte ha caído sobre mí**.

5: **Me ha entrado un temor espantoso**; ¡**estoy temblando de miedo!**

6: Y digo: Ojalá tuviera yo alas como de paloma;

7: Volando me iría muy lejos; me quedaría a vivir en el desierto.

8: Correría presuroso a **protegerme de la furia del viento y de la tempestad**.

9: Destrúyelos, Señor, confunde su lenguaje, pues tan sólo veo violencia y discordia.

16: Pero **yo clamaré a Dios**; el Señor me salvará.

17: Me quejaré **y lloraré mañana, tarde y noche**, y él escuchara mi voz.

18: En las batallas me librará; **me salvará la vida**, aunque sean muchos mis adversarios.

Salmo 56: Confió en Dios y alabo su palabra

1: **Ten compasión de mí, Dios mío**, *pues hay gente que me persigue; a todas horas* **me atacan** *y me oprimen.*

2: *A todas horas* **me persiguen** *mis enemigos; son muchos los que me atacan con altanería.*

3: *Cuando* **tengo miedo**, *confió en ti.*

4: *Confió en Dios y alabo su palabra: confió en Dios y no tengo miedo. ¿Qué me puede hacer el hombre?*

5: *A todas horas me hieren con palabras; sólo piensan en hacerme daño.*

6: *Andan escondiéndose aquí y allá, siguiéndome los pasos,* **esperando el momento de matarme**.

7: *¿Acaso escaparán de su propia maldad? Oh, Dios humilla a los pueblos con tu enojo.*

8: *Tú llevas la cuenta de mis huidas;* **tú recoges cada una de mis lágrimas. ¿Acaso no las tienes anotadas en tu libro?**

9: *Mis enemigos se pondrán en retirada cuando yo te pida ayuda. Yo sé muy bien que Dios está de mi parte.*

10: **Confió en Dios** *y alabo su palabra; confió en El señor y alabo su palabra;*

13: **Porque me has salvado de la muerte, porque me has librado de caer,** *a fin de que yo ande en la luz de la vida, en la presencia de Dios.*

Yo leía esos salmos una y otra vez, y esta palabra escrita traía paz a mi interior. Al fin paro la tormenta. La lluvia y los relámpagos cesaron, y al pasar dos horas más el día comenzó a brillar y a resplandecer. Vi las primeras luces del sol infiltrarse a través de las ventanas de la casa y me sentí más confiado con el amanecer del nuevo día. Como a eso de las cinco de la mañana paré la lectura repetitiva y exhausto me quedé dormido. Desperté después de una hora y media, pero mi cuerpo no paraba de temblar, ni tampoco podía parar de llorar. Espantado hasta lo más profundo de mi alma por lo que me había acabado de ocurrir esa noche, salí a buscar a los hermanos pastores para pedirles su ayuda.

CAPÍTULO 14

EL FUEGO DEL CIELO

Era domingo y muy temprano en la mañana cuando les toqué la puerta a los pastores. Ellos eran personas que madrugaban a orar y para entonces ya estaban despiertos. El hermano *David* y la hermana *Priscilla* me prestaron atención de inmediato. Y yo, llorando y sollozando les conté la historia que me acababa de ocurrir, y sí me entendieron — *creo*.

Y les pedí que oraran por mí pues me sentía muy mal de salud, tan mal que yo pensaba que me iba a morir de nuevo. Les preguntaba a los pastores:

— *¿Por qué no puedo parar de llorar?*
— *¿Por qué mi cuerpo no deja de temblar?*
— *¿Qué me está pasando?*

Ellos no me dieron respuestas inmediatas. Sin embargo, accedieron a orar por mí, y fuimos a orar a la mini-iglesia de la casa principal en el retiro.

Al pasar como media hora en la oración, empezaron a llegar los hermanos que habían estado orando con nosotros el día sábado y en la madrugada del domingo. Al poco tiempo, también llegó *Verónica, Teresa, y Javier* y se formó otra vez un grupo grande de oración. No habría transcurrido ni una hora de oración en grupo cuando ocurrió algo maravilloso de nuevo pues... ¡El *Espíritu Santo* cayo en el lugar! ¡Y la locura comenzó otra vez! Entonces la situación se volvió caótica. Unos hermanos caían al suelo como tablas, como si se hubiesen desmayado. Algunos lloraban. Otros temblaban. Cuatro personas más hablaban lenguas extrañas que yo no podía entender. Además, vi a *Javier* dar de brincos y decir repetidamente:

— *¡Me estoy quemando, me estoy quemando!*

Y *Javier* brincaba y giraba como queriendo sacudir algo que nadie más podía ver. Por mi parte, yo me encontraba hincado en el piso, sintiendo como si una poderosa corriente eléctrica se hubiera apoderado de mí. Esa electricidad que parecía ser como de miles de voltios, iba y venía — *como una ola de mar* — y me recorría de pies a cabeza en un vaivén sin cesar. Era un poder asombroso, pero lejos de sentirme cómodo, sentía que iba a explotar y que moriría de nuevo. Esta vez la locura había sido colectiva. Cada quien experimentaba algo distinto en ese momento. Y en esta ocasión... ¿A quién podía pedirle ayuda si todos nos encontrábamos en la misma situación?

En eso, escuché a lo lejos el sonido de <<sirenas>> de ambulancia, pero pensé que ese ruido de alarmas formaba parte de la demencia que todos estábamos experimentando. Cuál fue mi sorpresa cuando... ¡Llegó un carro de bomberos a Monte Carmelo!

Lo qué había pasado es que los vecinos de alrededor habían visto que el techo de la casa donde nos encontrábamos orando estaba envuelto en llamas. Los vecinos, al pensar que la casa se estaba quemando, llamaron a los bomberos. Así que los bomberos llegaron y buscaban literalmente por un incendio que apagar — *pero el fuego tenía una naturaleza espiritual*. Los bomberos al no hallar fuego físico, y al no poder entender qué era lo que estaba pasando en ese lugar, se marcharon inmediatamente. Cuando finalmente termino la manifestación del Espíritu Santo, todos en el retiro no cesábamos de hablar de lo que habíamos experimentado, y así pasamos todo el resto del día hablando de los prodigios de Dios.

Al atardecer, el hermano *Manuel* volvió por nosotros y regresamos a la ciudad de Santa Ana ese mismo domingo por la noche. Ya en casa, yo estuve encerrado en mi cuarto hasta el día martes, pues me la pasaba llorando y temblando. Tantas experiencias sobrenaturales que habíamos vivido en Monte Carmelo en tan solo un fin de semana me tenían **<<atónito>>** y todavía no me recuperaba.

Cuando al fin me sentí mejor empecé a asistir a la iglesia todas las veces que había servicio, y asistía en compañía de *Verónica, Teresa y Javier.* Y de esta extraordinaria experiencia surge el cuarto paso para conocer a Dios, y para salvar tu alma...

CUARTO PASO PARA SALVAR EL ALMA

El cuarto y último paso para salvar tu alma es—**Buscar el bautismo en el Espíritu Santo.** Si tú has aceptado a Jesucristo con todo tu corazón y mueres inmediatamente después de haber realizado tal acto de fe — *te vas al Cielo*. Pero si Dios te da permiso de vivir un día más después de aceptar a Cristo como tu único Señor y Salvador… ¡Busca el bautismo del Espíritu Santo con todas tus fuerzas! ¡Busca su plenitud y llenura!

Así como deseas el agua cuando estás sediento, así como la supervivencia misma… Búscale. No te permitas vivir en una pobreza espiritual. Ahora, acerca del bautismo en el Espíritu Santo, la Biblia nos comenta lo siguiente:

> *San Lucas 3:16. Pero Juan les dijo a todos: Yo en verdad, los bautizo con agua; pero viene uno que los bautizará con el **ESPÍRITU SANTO Y CON FUEGO**.*

Esta escritura relata a Juan el Bautista profetizando que Cristo es quien bautiza con el Espíritu Santo. El siguiente versículo nos habla de la maravilla de la unión espiritual con Dios.

> *Romanos 8:16. Y este mismo **ESPÍRITU** se une a nuestro espíritu para dar testimonio de que **YA SOMOS** hijos de Dios.*

En este párrafo, la palabra <<espíritu>> escrita con letra mayúscula significa el Espíritu de Dios, y la palabra *espíritu* escrita con minúscula simboliza el espíritu del hombre. Así que el **Espíritu** de Dios se une al **espíritu** del ser humano en el bautismo con el Espíritu Santo. Por tal motivo — esto no es un a lo mejor o un tal vez— el individuo que está bautizado por el Espíritu Santo, conoce, discierne y está **100 porciento** seguro de que es un ciudadano <<legítimo>> del Reino Celestial, pues lo sabe y lo siente así. Y tal vez alguien se preguntará, ¿cómo yo puedo de igual manera recibir el bautismo en el Espíritu Santo?

Bueno, nosotros (*Verónica, Teresa, Javier y yo*) lo recibimos a través de oración, ayuno, y por la imposición de manos. La Biblia igualmente nos da información de cómo obtenerlo. Miremos en:

> *Hechos 8:15. Al llegar, **ORARON** por los **CREYENTES** de Samaria, para que recibieran el **Espíritu Santo**.*

> *Hechos 8:17. Entonces Pedro y Juan les IMPUSIERON LAS MANOS, y ASÍ RECIBIERON el **Espíritu Santo**.*

Aquí podemos ver que el bautismo en el Espíritu Santo se busca en oración, y también por la imposición de manos de los hermanos en Cristo que <<ya>> tienen el Espíritu Santo dentro de ellos. Sin embargo, en otras instancias, el bautismo en el Espíritu Santo también puede caer sobre personas que están escuchando discursos de predicación, dados por hermanos que de igual manera <<ya>> tienen el Espíritu Santo adentro. Esto se puede leer en el libro de Hechos, capítulo diez y versículo cuarenta y cuatro, y en el capítulo once con línea quince. En otras palabras — el pueblo de Dios da porque tiene. Si tú nunca habías escuchado hablar de esto, no estás solo, la religión se ha encargado de esconderlo muy bien.

CAPÍTULO 15

NOTAS FINALES

Estimado lector, esta es una historia con un final feliz. Mi prima había sanado ese mismo fin de semana en el retiro. Pero algo especial que le pasó es que por tres días seguidos, *Teresa* no pudo hablar español, ya que ella fue una de las personas que aprendió hablar en lenguas extrañas durante el bautismo del Espíritu Santo. También, otra cosa peculiar que ella experimentó es que no pudo escribir en español por varios días, sino que escribía hojas enteras de unos complicados símbolos cuyo significado nunca pudimos descifrar. Pero eso sí, *Teresa* se veía contenta y radiante, y desde entonces y hasta el día de hoy, ella quedó libre de los desmayos, y demás problemas que tenía de índole espiritual.

Teresa y Javier posteriormente se casaron, y ahora viven muy felices con sus dos hijos en Riverside, California. Mi hermana *Verónica* también se casó, y vive igualmente feliz y contenta con su esposo e hijos en San Diego, California.

Yo todavía no me caso, y hasta ahora me dedico a ser un miembro regular de una iglesia y vivo en San Diego, California. Por ahora tengo planes de propagar las buenas nuevas de salvación, y espero hacer esto, en parte, con la ayuda de este libro. A propósito, mi mantra durante este periodo actual de mi vida es:

— *¡Dios vive!*

EXORCISMO Y SANIDAD MILAGROSA

Aquí en esta sección, escribo de algunas cosas que he aprendido durante mi vida como cristiano. Espero que estas breves anotaciones que he asimilado de mi vida cristiana y de la Biblia puedan serte útiles en tú propia vida como un fiel seguidor de Jesucristo.

Yo tenía quince años cuando un demonio golpeo e hirió mi estómago. Lo que no había contado es que el martirio de tener esa herida en mí cuerpo duro siete largos años. Así que fue mucho tiempo de constante lamento, dolor, y de punzadas, y retortijones en mis intestinos.

Pero un día a mis veintidós años, Jesucristo me sanó milagrosamente. Para ese entonces ya habían pasado dos años de todo lo que habíamos experimentado en el retiro Monte Carmelo. Y esto fue lo que me aconteció…

Buscando sanidad milagrosa para el problema que tenía en mí estómago, un día asistí a una campaña de — sanidad divina — que era llevada a cabo por una iglesia llamada Templo Calvario localizada en Santa Ana, California. La campaña duró tres días, y aunque mucha gente testifico haber sanado en esa campaña, yo no sané. Sin embargo, cuando concluyó la campaña, el predicador antes de despedirse dio un último consejo a la congregación allí reunida, y dijo:

— *Si no sanaste durante esta campaña de sanidad, no te preocupes, declara tu sanidad como ya hecha.*

— *Haz la sanidad tuya.*

— *Y esta va a ser tu medicina… Desde hoy en adelante, aunque sientas la enfermedad que te aqueja, tú declara que estás sano e insiste en que estás sano hasta que llegue tú salud.*

Por cierto, el predicador de esa campaña fue el hermano evangelista *Roy de la Garza.* Yo tomé el consejo de buen agrado, y después de declarar mi sanidad diariamente por aproximadamente dos meses, verdaderamente testifico por escrito que Jesús el mesías me sanó milagrosamente. Enseguida relataré como esto llego a ocurrir…

Después de proclamar mi sanidad como lo hacía cada tarde, una noche yo dormía. Pero aún dormido vi que Jesucristo entro a mi cuarto y solo pude pensar en ese instante:

— *¡La sanidad de Dios ha llegado!*

Tan pronto como Cristo entró a mi cuarto, Él se inclinó a mi costado, y sus dos manos las introdujo dentro de mi estómago, y movió mis intestinos. De esta manera Él **<<reparó>>** el daño causado por el demonio. Mi cuerpo físico no pudo despertar porque había caído en mí un *sueño profundo*, no obstante, mis ojos espirituales pudieron ver lo que había sucedido. Logré ver y sentir sus manos entrar dentro de mi estómago, y pude sentir como Él movía mis intestinos de un lado a otro. Lo bueno es que no sentí dolor alguno durante la cirugía divina, y desde ese día hasta hoy sigo sano, para la gloria de Dios, claro está. Me parece que ahora entiendo lo que le pasó a Adán en la historia bíblica en el libro de Génesis, capítulo dos, con verso veintiuno. Cuando Dios tomó una de las costillas de Adán para crear a la mujer (*Eva*). Adán vio todo lo acontecido, pero no pudo despertar pues en él había caído un *sueño profundo*. Pero su cuerpo espiritual estaba despierto y por esa razón él supo todo lo que había ocurrido, puesto que Adán aún no había pecado y todavía tenía plena comunión espiritual con Dios. Mas me atrevo a decir que hay que tener cuidado con todas las sanidades milagrosas. Pero… ¿Por qué digo esto, se preguntará el lector?

Digo esto porque la persona que ha sido sanada milagrosamente o liberada de espíritus malignos será puesta a prueba. Ya que después de que yo fui sanado por Dios, enseguida fui constantemente atacado por los dardos ardientes de Satanás llamados <<duda>>. Y lo que me pasaba es que con mucha frecuencia me daba una punzada bastante fuerte en el ombligo. No obstante, me resistía a los síntomas, diciendo:

— *¡No estoy enfermo, Cristo me sanó!*

Haciendo esto me mantenía sano porque no aceptaba la enfermedad de regreso en mi cuerpo. Es importante hablar de esto porque el diablo siempre quiere sembrar la *duda* en el corazón humano. Cuando alguien sana milagrosamente el querubín maligno Lucifer, regresa a dar un piquete o punzón a la persona, como si el padecimiento original hubiera regresado, pero es una mentira. Satanás hace esto para probar — *si realmente el individuo creyó* — en la sanidad de Dios o en su liberación divina. La duda es como una espada de doble filo en las manos de Satanás, y él usa esta arma muy hábilmente de la siguiente manera... Para empezar, él le da un golpe a la persona con el primer filo de la espada.

Este ataque inicial es como una invitación a la duda. Si la persona cede y cree que los síntomas de la enfermedad han regresado, es casi seguro que la enfermedad será <<puesta>> de regreso en el individuo incrédulo. Pero esto no es hecho por Dios, sino por el mismo Diablo.

Luego, para completar su ataqué y con toda la rabia del mundo, el demonio voltea la espada y acierta el segundo tajo (*golpe*). Entonces el padecimiento regresa, pero ahora el estado posterior de la persona puede ser peor que el estado de enfermedad que tenía al principio. Menciono esto por lo escrito en el libro de San Mateo capítulo doce, con versículos del cuarenta y tres, al cuarenta y cinco. Ya que según en esta enseñanza, la última condición del individuo puede ser hasta siete veces peor. El *truco* para mantenerse sano o libre después de una intervención divina por parte de Dios, es que <<no>> hay que darle lugar al diablo. El cristiano tiene que ser un — *firme creyente* — de que lo que ha hecho Dios, lo ha hecho bien. Cuando Dios sana milagrosamente, o bien, cuando Él libera a alguien de las ataduras de los demonios sin importar qué tipo de ligadura esta haya sido... ¡Cuidado con los dardos ardientes de Satanás!

Desde que el Príncipe de las Tinieblas no se va a quedar con los brazos cruzados, viendo cómo la persona se goza con el milagro que Dios haya hecho en su vida. Por lo tanto, es necesario hacer como dice sabiamente la escritura en el libro de Santiago:

> *Santiago 4:7. Sométanse, pues, a Dios.*
> ***RESISTAN*** *al diablo,* **Y ESTE HUIRÁ** *de ustedes.*

Asimismo, aparte de que hay que resistir a la duda que Satanás quiere **<<imponer>>** forzosamente a la persona, es recomendable que el creyente se cubra diariamente — *con la armadura de Dios.* Toda esta información acerca de la armadura espiritual se puede hallar en la carta de San Pablo a los Efesios capítulo seis, con versos del diez al dieciocho. De la misma forma, aconsejo al nuevo creyente a permanecer en la comunión con los hermanos en la fe, visitando la iglesia cada día de servicio. Así mantendrás la victoria que Dios ya te ha dado.

DIOS CONOCE TU FUTURO

Uno de los tantos títulos que tiene Dios es el de <<omnisciente>>. Esa palabra significa que Él todo lo sabe y si Dios todo lo sabe, entonces Él conoce el pasado, el presente, y lo que ha de acontecer en el futuro. Como puede darse cuenta el lector por lo ya ha leído en un capítulo pasado de este libro, Dios sabía que yo moriría, y que me iría al infierno si no me arrepentía de todas mis maldades. Por esa razón — *el Espíritu Santo me insistía aun con gritos al oído* — pues Cristo sabe que nuestro destino en desobediencia hacia el Padre Celestial es solo la muerte.

La Biblia está <<repleta>> de principio a fin con historias de como Dios conociendo el futuro — alertaba a la gente — para así ayudarles a preservar la vida. Pero es importante hacer notorio que Dios solo puede advertirnos. Él no tomará la decisión por nosotros. Esto se debe a que a Dios le gusta respetar nuestra — *soberana voluntad*. Pues Él ya nos dio el <<poder>> de que nosotros podamos efectuar nuestros propios juicios y de que tomemos nuestras propias decisiones.

¿PORQUÉ AYUNAR?

Cada vez que íbamos al retiro, íbamos en completo ayuno y oración. No tomábamos agua, ni comíamos mientras permaneciéramos dentro del lugar. El ayuno es muy importante ya que nos hace <<uno>> con Dios. Al pasar los meses aprendí que el ayuno sirve para — unir nuestro cuerpo físico con nuestro cuerpo espiritual y con nuestra alma — como si estos fuesen un solo cuerpo para clamar a Dios. El espíritu del hombre siempre está dispuesto a buscar a Dios, y esto es como una chispa interna en el ser humano. El espíritu humano se puede sentir como esa conciencia interna o *corazonada* que nos dice que es tiempo de buscar a nuestro Padre Creador.

No así nuestro cuerpo físico. La mayor parte del tiempo nuestra carne no está en su mejor disposición para buscar la espiritualidad. Esto se debe a que nuestro cuerpo material es débil y se siente incómodo porque sufre todo tipo de necesidades. De igual manera, nuestra alma (*personalidad y mente*) siempre está pensando en otros asuntos, y es muy fácil distraerse con cualquier otra cosa de poca importancia. Que logremos esta unidad para buscar a Dios es indispensable. Ya que si tenemos éxito al hacer esta conexión, es entonces cuando suceden muchas cosas sobrenaturales en nuestra vida. Miremos lo que está escrito en la siguiente cita:

> *San Mateo 15:8. Este pueblo me honra con la boca, pero* **SU CORAZÓN ESTÁ LEJOS DE MÍ**.

Aquí podemos ver que Dios se queja de que no hay unidad en el ser humano para buscarle con <<todo>> nuestro ser. Conseguir esta unión es extremadamente importante. Esto se debe a que cuando la persona logra la unidad con ella misma para buscar a Dios, al mismo tiempo logra una **<fusión>** con Dios mismo. Como ejemplo de esto, podemos ver que Cristo buscaba en todo tiempo la unificación con su Divino Padre. La Biblia relata que Jesucristo se mantenía buscando este enlace con Dios desde muy temprano en las madrugadas, aún antes de que saliera el sol.

También está escrito que un día, inclusive Jesucristo ayunó por cuarenta días en el desierto buscando esta misma unión. Otra cosa que sucede con este asunto de la unidad, es que cuando nos hacemos <<uno>> con Dios —*nosotros realmente nos hacemos a un lado*. Ya que haciéndonos uno con Dios, Él siempre será mayor, y dejamos que Él se engrandezca en nosotros. ¿Acaso no está escrito en San Juan 3:30, Él ha de ir aumentando en importancia y yo disminuyendo? Lo anterior lo dijo Juan el Bautista reconociendo que tenía que dejar que Jesús tomara el liderazgo del grupo de judíos que esperaba la redención del pueblo Israelita. Para nosotros los cristianos, las palabras de Juan el Bautista toman un especial sentido espiritual.

EL REINO CELESTIAL

Estimado lector, lo que has leído hasta ahora es para mostrarte que puedes ver al mundo en el que vives desde una perspectiva distinta. Si después de lo que has leído todavía dudas de la existencia del Cielo o del Infierno, yo entiendo si te es difícil creerlo. La duda, no es un mal comienzo, pues dudar forma parte de la propia naturaleza del ser humano.

Pero, aliento al lector a que busque la verdad que solo puede ser descubierta a través — *del deseo, de la fe, y de la experiencia propia.* Por lo tanto, espero que la duda no te detenga, sino que ojalá utilices esa misma duda para motivarte a buscar respuestas. Yo mismo tuve que pasar por muchos sucesos sobrenaturales para poder creer que hay otras dimensiones que esperan al ser humano después de la muerte del cuerpo físico. El reino espiritual está muy dispuesto a tener interacción con el ser humano. Mas, así como Dios quiere tener contacto contigo, Satanás también **asedia** tu alma y buscara oportunidades para acercarse a ti. El que un individuo no crea en el Cielo no daña al mundo espiritual, pues ese reino es permanente. En cambio, la persona se hace daño así misma al no creer. Pues si un individuo no tiene vida espiritual, no será tan feliz como podría ser, ya que la persona siempre sentirá como que hay algo extra que le hace falta en su vida. Sin la realidad del reino espiritual en la existencia diaria, la vida humana se vive con un grado de <<incertidumbre>> de qué pasará el día de mañana. Pero una vez que la persona ya es ciudadana del Reino Celestial, no importa si la vida termina en el mundo inclusive el día de hoy, puesto que el individuo espiritual ya pertenecerá a otra dimensión y a otra realidad. La persona que experimenta día tras día una vida espiritual con Cristo, podrá sentirse más confiada, y segura en cada momento.

DESPEDIDA

Recuerda que no se te pide hacer algo imposible. Nadie te está exigiendo que subas a la luna, ni que bajes a lo más profundo de los mares. La salvación está tan cerca como en tu propia boca y en tu mismo corazón. La escritura bíblica en el libro de Deuteronomio capítulo treinta, con líneas del uno al catorce, te hablará de lo que acabo de mencionar.

Para llegar a Dios, tampoco hay ritos <<macabros>> que seguir. La salvación es relativamente fácil de obtener, y es gratis, desde que no tienes que pagar nada para conseguirla. La redención del alma es una ayuda y un regalo de Dios para la humanidad. Y con esta última cita bíblica me despido, confiando que lo que has leído te muestre qué hacer para salvar tu alma, y ser más feliz por el resto de tu vida.

> *Deuteronomio 30:19. En este día pongo al cielo y a la tierra por testigos contra ustedes, de que* **LES HE DADO A ELEGIR ENTRE LA VIDA Y LA MUERTE,** *y entre la bendición y la maldición. Escojan, pues la vida, para que vivan ustedes y sus descendientes;*

¡Paz y amor a todos!

SALUDOS DE PARTE DE JAVIER Y TERESA RODRÍGUEZ

Dios les bendiga estimados lectores. Deseamos que este libro les sirva de edificación y les ayude a escudriñar las escrituras con detenimiento. Este libro es un testimonio real y verídico de las grandes cosas que Dios hace en nuestras vidas, y de las ataduras y cadenas que podemos estar llevando por falta de conocimiento de la verdad. Este libro también anima al lector a buscar una relación más cercana y más real con Dios. Nuestra oración es que este testimonio toque sus vidas y les conlleve a un avivamiento espiritual.

Javier y Teresa Rodríguez

CONSIDERACIONES

Para escribir este libro utilicé la versión bíblica *Dios Habla Hoy*, publicada en 1983. Esta ha sido mi Biblia preferida desde hace muchos años. Haciendo comparación de biblias, elegí esta versión por su lenguaje moderno, siendo fácil de entender y comunicar. Ya habiendo hecho esta aclaración, añado que hay diferentes traducciones bíblicas, y que el significado de algunos versículos podría cambiar de una versión a otra. Esto sucede porque la Biblia original fue escrita en arameo, griego y hebreo, y muchas veces no existe la misma gramática y vocabulario de un idioma al otro. Una traducción literal de esos lenguajes a nuestra lengua natal solamente crearía una lectura difícil de comprender. Las personas que se han encargado de hacer una traducción bíblica, siempre han intentado transmitir el significado original, procurando que el texto sea fácil de leer. A pesar de todo, podemos ver que siempre hay alguien inconforme y trabajando en una nueva traducción, y por esa razón hay tantas diferentes versiones bíblicas. Hago notar que el mismo mensaje que ha sido entregado en este libro se puede hallar en cada una de las diferentes traducciones bíblicas, pero podría cambiar la locación de la cita y el verso.

Si el lector tiene más preguntas acerca de alguno de los varios conceptos espirituales previamente tratados, le aconsejo escudriñar los sagrados textos bíblicos para confirmar las recomendaciones que han sido dadas aquí.

Hablando de otro tema, y acerca de las interacciones entre seres humanos y espíritus, puedo decir que he tomado cursos de medicina y psicología en diferentes establecimientos de enseñanza a nivel profesional y universitario en diversos países. Tomando esto en cuenta, reconozco que no todos los malestares físicos y/o mentales, ni todas las conductas excepcionales que una persona pueda exhibir, son o sean causados por entidades satánicas y/o por posesiones demoniacas. Esto se debe a que pueden existir padecimientos transitorios, sufrimientos mentales, enfermedades hereditarias, y/o enfermedades sistemáticas en el cuerpo de un ser humano. Estos trastornos a su vez, podrían ser los causantes de uno o más síndromes anormales en un individuo.

Al lector que desee ampliar su conocimiento en esta materia, le recomiendo consultar a un doctor, psicólogo, psiquiatra, pastor, sacerdote y/o más especialistas para valorar, comparar y/o descartar sintomatología y proceder con los diagnósticos y tratamientos indicados.

Cambiando otra vez de tema y ahora hablando de ayunar, añado que para todas aquellas personas que deseen entrar en ayuno, les recomiendo que hablen con un médico para que se informen y eduquen acerca de los riesgos, y efectos que puede causar el ayuno en el cuerpo humano. Y en consecuencia — si es que es presumiblemente necesario por el individuo — tomar las medidas necesarias para protegerse, al fin de no caer en algún tipo de padecimiento.

CONTACTO E INFORMACIÓN

Para ordenar el libro por Internet:
http://www. amazon.com
http://www.amazon.com.mx

Para contacto por vía Internet:
http://www.virgozusa.com

Para contacto por carta y correo regular:
Virgo Zusa
P.O. Box 530092
San Diego, CA, 92153-0092